A magia está no ar

Cigana Natasha, a autoajuda vinda da magia

Título: A magia está no ar

Subtítulo: *Cigana Natasha, a autoajuda vinda da magia*

Autora: Natasha Sharon

Editor: Ramiro Augusto Nunes Alves

Índice

Sinopse
    Trabalho de magia não é sessão de milagres
    O dilema que me atormentou
    Casos "missão quase-impossível"
    Descrença no sobrenatural

Rituais místicos
    Ritual para elevar a autoestima e autoconfiança
    Espantar alguém tóxico
    Para sossegar marido "galinha"
    Reaproximação de um amor
    Riqueza e prosperidade

Utensílios de magia
    Patuá sorte nos jogos, combinado Salomão-Cipriano
    Patuá cigano para fama e sucesso
    Patuá olho de lobo versão cigana híbrida
    Patuá cigano para fartura
    Talismã da sorte
    Talismã da felicidade e harmonia no lar
    Perfume para sedução máxima
    Quartinha da prosperidade

Ritual de prosperidade

Tônicos mágicos da felicidade

Tônico mágico afrodisíaco

Tônico das defesas naturais

Propomax Extrato de Própolis Aquoso Sem Álcool com 30ml

Simpatias chama-estabilidade-financeira

Informações adicionais

Sinopse

Passei meses refletindo, pensando na melhor maneira de começar o meu relato. Foi então que decidi ser melhor iniciar da maneira mais simples e direta possível: contando como tudo começou na minha vida dedicada ao misticismo. Foi assim.

Meu pai nasceu numa cidadezinha limítrofe entre os estados de São Paulo e Minas Gerais, num acampamento à beira de uma estrada vicinal. Segundo minha mãe, quando se conheceram e começaram a flertar, ele era tradicional no vestir e no comportamento. Galanteador, robusto, muito bem apessoado, rotineiramente usava lenço à cabeça, pendia nas orelhas brincos grandes de ouro e prata e adorava camisas de seda coloridas. Meus avós paternos, tradicionalíssimos - tanto que até hoje eles fluentemente só falam o romani - percebendo que ele se apaixonará por uma gadgé, minha mãe, fincaram fortíssima oposição, inclusive ameaçando-o de expulsão e deserdação. E, para piorar a repulsa por minha mãe, ficaram sabendo que ela se dedicava às artes da magia (macumbeira). Então, não poderia ser diferente, ele foi de fato renegado. Sem ter guarida em outro lugar, para não parar debaixo de um viaduto qualquer, foi acolhido pelos meus avós maternos, oficializando seu casamento o mais rápido possível.

Meus pais mal tinham completado sete meses de casados e eu vim ao mundo. Dizia minha mãe que, enquanto os recém-nascidos não se assemelham de fato a ninguém, que essa coisa de "é a cara da mãe ou do pai" é pura adulação, eu nasci linda, olhos brilhantes, sorridente e tranquila, não derramando um pingo de lágrima ao ver a luz da vida. Cresci como a maioria dos meus conterrâneos num bairro de periferia, com os privilégios e dificuldades inerentes a esta nação, que sempre privilegiou e continuará a privilegiar a classe alta (rica). Logo no início da minha adolescência comprovei que nenhum rico tem interesse que a classe pobre progrida, pois, se assim o fosse, quem trabalharia para eles (para não dizer seria quem seria explorado). Não que algum dia me faltado o que comer, beber, vestir e algumas regalias nas datas festivas, tais como aniversário, Natal, Dia das crianças e outros, mas, desde os treze anos de idade, sob, confesso, influência principalmente da mente aberta de minha mãe, eu me certifiquei de que não há nenhum pecado em enriquecer, desde que seja de maneira honesta.

Meu pai, como a maioria dos integrantes do povo cigano, não tinha formação específica, sendo profissional liberal do ramo de venda de utensílios domésticos, mascate. Minha mãe, embora não se resignasse em ter de abandonar a prática de magias, executando consultas e trabalhos de magia, por imposição do meu pai, que julgava mais relevante o meu bem-estar, ela suspendeu essas atividades, embora sempre que aparecia uma oportunidade, no recesso do nosso lar, ela me ensinasse essa cultura, introduzindo-me nos mistérios e rituais de culto e evocação do Sobrenatural. Perto de completar quinze anos, já com estrutura física e mental para me virar sozinha, minha mãe se viu ociosa em demasia, convencendo facilmente meu pai de que agora ela poderia retornar àquela atividade. Foi o que ela fez. For convivência diária com minha mãe, contudo, eu tomava cada vez mais intimidade, perspicácia e expertise no contato com os rituais de magia, com o lado místico do Universo. Se eu quisesse, poderia abandonar meus estudos e dedicar-me exclusivamente ao auxílio de minha mãe na tenda, todavia, meus pais julgavam que o melhor para mim era obter formação de curso superior.

E assim foi.

Mas...

Confesso que, mesmo depois de formada e tendo trabalhado no ramo em que me formei por vários anos, demorei algum tempo até decidir trilhar definitivamente os caminhos da magia, pelo receio insensato de ouvir aquela velha ladainha - emitida na maioria das vezes por pesscas desprovidas totalmente de autoconfiança e autoestima que estão mais preocupadas em torcer pelo insucesso, pelo fracasso alheio do que propriamente em serem agraciacas pelo ritual ou outra espécie de lida com a magia em favor deles.

"Você não dá garantia?"

Ora, senhores, senhoras, lidar com o sobrenatural não é como comprar um aparelho eletrodoméstico, numa loja qualquer, esperar chegar, ou trazê-lo nos braços, l gá lo na tomada e, caso ele não funcione, ou deixe de funcionar adequadamente durante o período de garantia, reclamar com a loja e exigir a troca do aparelho, ou, em alguns casos específicos, ser ressarcido(a). Os resultados positivos com o sobrenatural envolvem muitas variáveis que não podem ser dimensionadas, como se houvesse uma fita métrica ou um cronômetro para prever com exatidão e magnitude o quanto o consulente será favorecido. Infelizmente não é assim. Nós precisamos das entidades do além, não o contrário, elas são autossuficientes, não precisam de nós.

Não existe prazo fixo para as coisas acontecerem - e também podem não acontecer, dependendo do grau de espiritualidade do mago (feiticeiro, bruxo, etc.) e do grau de merecimento do consulente (principalmente quando esse consulente tem um passado marginal) -, sendo porém esperado a concretização de sete a sessenta e três dias (pois este é o tempo que meus trabalhos de magia demoram para demonstrar ótimos resultados, atendendo amplamente as expectativas dos consulentes). Por tudo isso, sinto-me uma pessoa privilegiada pelo Universo e meu nível de satisfação é imensurável, ao ajudar as pessoas a atingirem seus objetivos de prosperidade e bem-estar físico, espiritual e mental ampliando sua qualidade de vida, estimulando-me a permanecer ativa nessa minha sina.

Trabalho de magia não é sessão de milagres

É muito comum também as pessoas associarem um trabalho de magia a um espetáculo de milagres orquestradas por alguns cultos religiosos. Neles, após autorrevestir-se dos poderes divinos, em nome de Jesus, dando alguns pulinhos e tímidos passeios pelo palco, o "milagreiro" incentiva aqueles que se sintam curados de algo a se manifestar, a pretexto de testemunhar o milagre (milagre no atacado), derrotando dessa maneira o demônio (tido como único causador de todos os males da humanidade). Sem interesse em esmiuçar o assunto, criticando certas manifestações claramente com intuito de aparecer, ou outro motivo mais recriminável, outra razão, ou circunstância mais condenável, nem denegrindo ou condenando este ou aquele procedimento, esta ou aquela pessoa, esta ou aquela religião ou seita, os milagres acontecem, quando há merecimento do favorecido, já um ritual de magia, ou alguns utensílios conexos a isso (como patuás, talismã, perfumes, incensos, etc.) pode favorecer mesmo quem não mereça a dádiva peticionada. Um milagre pode acontecer em segundos, minutos, horas, dias, semanas, meses ou até anos (ou nunca acontecer), já o resultado positivo de um trabalho de magia comumente necessita de um tempo maior, a saber, dias, semanas e meses, podendo favorecer mesmo quem não mereça receber o almejado.

Um outro detalhe valioso é que um trabalho de magia não é um aparelho eletroeletrônico que se compra, se o leva para casa, ou outro estabelecimento, liga-se-o na tomada, ou insere-se as pilhas, (às vezes, temos o trabalho adicional de montá-lo) e ele funciona, ou não funciona. Se funcionar, ficamos satisfeitos, torcendo para ele nunca pifar, se não, devolvemo-lo à loja e somos ressarcidos, ou levamos outro similar para novo teste. Um trabalho de magia requer do executante muita afinidade com as Forças com as quais ele está lidando, espírito, mente e corpo equilibrados e sintonizados, no momento da execução do ritual, ou confecção de algum utensílio, e contínuo aperfeiçoamento, além de seu resultado positivo depender da "boa-vontade" do Sobrenatural (entidades que habitam a quarta e quinta dimensões), do invisível, do oculto, que nem sempre dão garantia, nunca trocam o "aparelho," se não funcionar como você esperava. Em se pretendendo que o resultado profícuo de um ritual de magia, ou outra execução ou confecção, ou ato conexo, seja imediato, seja a jato, o risco da frustração é enorme. Por analogia, é como aquele devoto que, não conseguindo numa determinada igreja, ou religião, ou seita, a graça almejada, no tempo por ele mesmo arbitrado, migra decepcionado para outra religião, ou seita, ou igreja, gerando um rolo compressor de frustrações.

O dilema que me atormentou

Certa vez, atendendo a uma consulente que surgiu, sem prévio aviso, acompanhada de uma amiga, ao receber a notícia do custo de um ritual de reaproximação amorosa (reconciliação), ouvi (num sussurro quase inaudível) o seguinte comentário dessa acompanhante?

"Puxa, isso é muito caro?!"

Eu me contrapus justificando que estava computado no preço total os materiais e ingredientes, além, lógico, dos meus honorários.

"Nossa, você não sente vergonha de cobrar pelo seu trabalho? Afinal, isso é um dom divino que você recebeu de graça" - insistiu ela.

De fato, meu dom é mesmo inato, veio comigo ao nascer, ou até antes disso.

Desconcertei-me, contudo, e ainda um pouco atordoada, a resposta adequada, para esse posicionamento, me foi subtraída, forçando-me a cerrar a língua dentro da minha boca, para evitar polêmicas infrutíferas e longas.

Não pude, porém, deixar de inferir o quanto é preconceituosa essa maneira de pensar acerca das pessoas místicas - ao estabelecer um paralelo com outras atividades relacionadas a dons naturais -, prejulgando-as, como se elas fossem as únicas a receber um dom divino, devendo, por isso, trabalhar gratuitamente. Então me pus a refletir sobre a vida real, estabelecendo paralelos.

E os jogadores de futebol, acaso não recebem esse dom também gratuitamente?

Eles trabalham de graça?!!

Ao contrário... Quanto milhões não ganham mensalmente, às vezes, para trabalhar, míseros noventa minutos ou cento e oitenta minutos por semana?!! Alguém os condena por ganharem salários astronômicos sem sequer saberem construir uma frase inteligível sem os jargões: "eu dei o meu melhor, eu segui as 'orientação' do professor e me saí bem', 'a gente hoje não teve sorte e o resultado não foi bom'"?

"Ora - dirão alguns, na tentativa de me contradizer - mas, jogador de futebol não ganha para falar corretamente."

Sim, eu concordo, porém não cobro honorários de jogador de futebol ou outra atividade supervalorizada atualmente, mas preciso me comunicar decentemente com as pessoas que atendo e ainda devo comprovar eficiência contínua dos meus trabalhos muito superior à cobrada deles. Não tenho, portanto, motivos para me desmerecer.

Não querendo desmerecer os jogadores de futebol, abstendo-me de julgar o mérito de cada caso, mas que contribuição valiosa eles oferecem à população de maneira geral? Será que noventa minutos de lazer que eles proporcionam ao público - alegria efêmera, passageira, pretextos para intrigas, agressões, bebedeiras e outros - é mais benéfica do que o resultado do meu exercício profissional, que traz felicidade, amor, prosperidade, bem-estar, autoajuda, elevada autoestima e autoconfiança, autoconhecimento, prosperidade e qualidade de vida por longo tempo, às vezes, até de maneira vitalícia?!!

Ah, talvez alguns estejam imaginando retrucar: "mas eu não pago o salário deles!!"

Ledo engano, paga sim!!

Todo gasto com publicidade é repassado ao público consumidor de bens e serviços. A fatia de impostos relativa a cada um está embutida em qualquer artigo que você compre ou qualquer serviço de que você necessite. Ou você acha que a Coca Cola patrocina eventos por pura bondade ou filantropia?

E os cantores então? Acaso também não recebem gratuitamente esse dom? E trabalham de graça? Há casos em que num único show (menos de uma hora e meia) ganham (líquido) R$ 800.000,00.

E os demais artistas? E os pastores milionários das igrejas, alguns são até mesmo banqueiros Certos padres E os políticos e outras classes sociais, que nem tanto dom natural assim têm, bastando ter a facilidade para memorizar textos?

Após essas reflexões e ponderações, eu concluí que mereço sim ser remunerada decentemente pelo que faço, principalmente porque me dedico estritamente a isso, pois, se além da prática da magia eu tivesse de trabalhar em outra atividade para me manter, eu não teria a expertise nem a força mística que detenho. Não poderia ter auxiliado a legião de pessoas que já auxiliei, sem as explorar, apenas cobrando o que é justo e coerente com a minha precisão nos resultados.

Minha consciência está absolutamente tranquila. Se recebi esse dom e faço bom uso dele em proveito do meu semelhante, não há nenhum mal em sobreviver desse ofício, ao contrário, dedicando-me exclusivamente a ele posso melhor atender e evoluir espiritual e misticamente continuamente, beneficiando com maior magnitude as pessoas que me procuram.

Casos "missão quase-impossível"

Seria de se estranhar se nesse tempo todo de exercício de magia eu não tivesse passado por alguns apuros; faz parte de qualquer atividade. Narro a seguir um acontecido há pouco mais de dois anos.

Era um feriado e eu aproveitava esse momento de folguedo com alguns familiares, saboreando alguns salgadinhos e, como mereço, umas cervejinhas, quando meu telefone residencial começou a berrar. Na primeira vez eu não consegui chegar a tempo de atendê-lo, mas na segunda vez, mal eu tinha andado cinco ou seis metros, retrocedi. Do outro lado da linha, uma pessoa aflitíssima, do sexo masculino, solicitou urgentemente a minha ajuda, relatando sua situação: estava desempregado havia quatorze meses, a dispensa quase vazia, aluguéis atrasados, energia elétrica na iminência de ser cortada, sendo ameaçado de despejo, devendo para um agiota e a esposa decidida a abandoná-lo levando consigo os quatro filhos do casal, retornando à casa dos seus pais. Como dito, eu estava com visitas, descansando, por isso, sugeri atendê-lo no dia seguinte, logo à primeira hora da manhã. Ele foi tão trágico e persistente ao retrucar que não me restou opção senão a de atendê-lo naquele mesmo dia, abandonando o meu lazer e as minhas visitas.

Quarenta e poucos minutos depois eu estava com ele a minha frente: ele tenso, agitadíssimo, palavras trôpegas, suando, respirando aos pulsos. Tratei de tranquilizá-lo o máximo que pude, oferecendo-lhe um copo com água fresca e depois uma xícara de café também fresquinho, retirado da cafeteira elétrica disponível no meu recanto de consultas. Como sempre fui partidária de primeiro resolver o problema para depois procurar e condenar os culpados, mesmo sob veementes protestos dele, eu o persuadi a iniciarmos pelo problema de moradia - inclusive porque ele estava financeiramente próximo de zero e não poderia arcar com os custos dos materiais necessários para inutilizar as outras pendengas, ainda que eu nada cobrasse de honorários -, evitando que ele, sem ofender os sem-teto, fosse jogado à rua.

Com o nome do locador e o endereço da moradia, assim que ele saiu, com o prévio agendamento de retorno - possibilitado graças a um encaixe, mesmo sob risco de desagradar outra consulente -, iniciei, como ressalto, gratuitamente, um ritual de abrandamento do proprietário do imóvel fazendo com que ele se tornasse mais flexível, sensível e comovido com a situação financeira e familiar desse consulente. No dia seguinte, sem que houvesse sido agendada a visita, ele repentinamente surgiu no meu 'consultório', tresloucado, porque o locador havia reiterado seu desejo de reaver o imóvel imediatamente, ou, do contrário, viria ação de despejo e cobrança dos aluguéis atrasados com multa, juro e correção monetária. Eu tentei, sem sucesso, acalmá-lo e convencê-lo de que - eu já havia recebido prévia confirmação espiritual desse fato - não haveria despejo, mas a dissuasão do proprietário ainda demoraria uns dois ou três dias. Meus ouvidos nunca tinham ouvido tantos impropérios de uma única pessoa em menos de dez minutos: taxou-me de farsante, charlatona, e outros adjetivos que, por educação, prefiro não mencionar. Fui um sufoco!! Estremeci receosa de que ele me agredisse, tal era o descontrole emocional desse indivíduo.

Com muita cautela e diplomacia, consegui acalmá-lo o suficiente para despedi-lo, garantindo que ele não seria despejado, ao menos pelos próximos sete meses, tempo que seria suficiente para reverter as demais situações adversas pelas quais ele passava.

À noite, porém, conversando com meu esposo, decidimos que o melhor, por precaução, seria eu não mais atendê-lo, mesmo que, para assegurar isto, eu tivesse de adentrar o recinto de uma delegacia de polícia.

Felizmente, com tantas recusas em atendê-lo, ele desistiu de me contatar, não sendo necessário apelação à Polícia ou Justiça.

Sem mais delongas, julgo oportuno narrar mais este caso:

Recebi o recado de minha recepcionista - sim, hoje eu disponho de uma recepcionista (que se tornou minha assistente e aprendiz), assim oferecer mais qualidade de atendimento, e ainda gero empregos -, ao relatar-me a agenda do dia, que a primeira consulta seria com um rapaz com sérias dificuldades de encontrar novas oportunidades de trabalho. Lamentavelmente, essa dificuldade é corrente num país com o nosso no qual, qualquer espirro irresponsável mal dado das altas autoridades que deveriam e ganham para cuidar do país e do povo, as crises são recorrentes e duradouras, vivemos sob o terrorismo da oscilação do dólar, das exportações, da oferta e demanda e da maioria dos empresários brasileiros que são exploradores das situações. Bem, no horário marcado, eu o recebi.

De imediato, embora eu não faça pré-julgamentos, notei a profusão de tatuagens nessa pessoa, típicas de ex-encarcerado (criminosos), os olhos marejados e inquietos, buscando algo flutuante na minha saleta, e leve impulsos musculares involuntários.

O histórico resumido que ele me contou emocionou-me, mesmo tendo conhecimento de que há no mundo vários casos semelhantes. Ele nascera sob o signo da criminalidade, porque seu pai passava mais tempo nas penitenciárias do que em casa, provendo o sustento da família. Sua mãe, para sustentá-lo e a mais três filhos, via-se obrigada a deixá-los entregues ao próprio destino, trabalhando como diarista, facilitando o contacto e convivência deles com a escória (perdão pela palavra, mas é a mais adequada encontrada para este caso) da sociedade. Dos três irmãos que tinha, dois já tinham sido assassinados, um pela polícia e outro pelos comparsas, numa discussão por divisão do produto do roubo (noto que, na literatura penal, distingue-se furto de roubo). A realidade dele só era um pouco diferente da dos irmãos, porque ele ainda estava vivo e o outro irmão sumira no mundo, sem notícias há mais de cinco anos. Antes de ser condenado pela última vez (ou a mais recente), por roubo à mão armada, havia se envolvido com uma mulher decente, e com ela tinha gerado uma filha. Ficou implícito que não era um homicida porque suas vítimas nunca haviam esboçado reação - embora os criminosos, atualmente, nem necessitem de justificativas (sic) para matar a vítima covardemente, mesmo subjugada -, tendo, porém, transgredido reiteradamente vários outros artigos do Código Penal;

Caramba - pensei -, assim que me pareceu finalizado seu relato -, vai ser tarefa árdua restaurar a condição social empregatícia de um indivíduo, com tantos crimes nas costas. Se para quem nunca foi condenado, com formação específica, já é difícil uma recolocação no mercado de trabalho, imagine para essa pessoa, com esse histórico.

Eu, todavia, não tenho o costume de negar minha ajuda à pessoa sem antes verificar com as entidades as chances de êxito, e também, segundo as leis da sociedade, ela já havia pago suas dívidas com ela. Marcamos seu retorno para dali a três dias, pois esse seria o tempo suficiente para minhas consultas místicas.

Ao final de mais um dia de consulta - quando eu rotineiramente verifico pendências e os contatos necessários para decidir como melhor encaminhar as outras ações no sentido de solucionar o problema -, concentrada, recebi extrassensorialmente sinais indeléveis de que algo assustador ou terrível poderia brevemente com esse homem acontecer: eu mentalizei uma sombra cadavérica a rondar-lhe o corpo. Eu necessitava contactá-lo urgentemente, mas, interrogando minha auxiliar, soube que ele não havia deixado telefone para contato.

Eu não podia ficar à espera do retorno dele. algo imediato, eu tive a mais absoluta certeza, precisava ser feito.

Depois de uma consulta mais minuciosa ainda, eu já sabia o que precisava providenciar e o que executar. Saí em disparada para a rua.

Eu não tinha sequer dirigido por mais de vinte metros, quando notei uma aglomeração que me impedia a passagem. Abaixei o vidro do carro, vendo a minha devotada assistente, chamei-a, perguntando-lhe do motivo daquela aglomeração.

- Dona Natasha - respondeu ela com as faces pálidas -, aquele moço, mataram o moço que acabou de sair da consulta.

Infelizmente, ele havia me procurado tardiamente.

Infelizmente, há pessoas que não merecem ser ajudadas; outras, mesmo merecendo, vêm em busca de socorro muito tardiamente.

Para me preservar de condutas injustas e agressivas, e me prevenir contra o amargo do fracasso, eu sondo espiritualmente e psicologicamente com detalhes a pessoa, logo no primeiro contacto, antes de aceitar o encargo e combinar a execução de qualquer trabalho de magia, ou, já de imediato, inicio a consulta às entidades, cobrando o justo valor monetário.

Esse dom preventivo eu já adquiri.

Descrença no sobrenatural

Há muitos anos deixei de me ofender com pessoas que, mesmo me procurando, precisando incontestavelmente de ajuda, ostensivamente transparecem o seu descrédito na magia, no sobrenatural. Nos primórdios da minha iniciação, eu procurava convencer a pessoa do contrário. Atualmente, não me dou mais a esse trabalho, dispensando educadamente essa pessoa.

Apenas estabelecendo uma analogia coerente, até o ano de 2.020, as pessoas não acreditavam, ridicularizavam, excluíam e excomungavam os que relataram aparições de UFOS (ou OVNIS), alguns inclusive relatando contacto físico e outros abdução. Foi só, contudo, a NASA (Agência Espacial Americana) e a Air Force (Força Aeronáutica Americana) divulgarem fatos concretos da existência dessas avançadíssimas aeronaves e o pânico tomou conta de imensa parcela da população mundial, pois, além de agora acreditarem, passaram a se sentir ameaçados.

Num futuro bem próximo, o mesmo ocorrerá com o sobrenatural, com a diferença que as pessoas não se sentirão ameaçadas, mas sim protegidas, privilegiadas e abençoadas.

"O vencedor de hoje é fracassado racional persistente de ontem."

Rituais místicos

Ritual para elevar a autoestima e autoconfiança

Como dizem os especialistas profissionais do ramo, a primeira pessoa a ouvir o que você fala é você mesmo(a), e a primeira impressão também é aquela que você sente. Por essas e outras razões, portanto, é importante manter sua autoestima elevada, sem beirar a arrogância, lógico. Pode ter a mais absoluta certeza de que os seus problemas diminuem de grandeza e importância, quando você se sente seguro(a) e confiante na sua força. Aqui vai uma magnífica ajuda para você conquistar essa plenitude mental e espiritual.

Este ritual, embora trabalhoso, é fácil de ser executado. Veja a lista do que você vai necessitar.

Ingredientes e materiais providenciados até às 19 00 hs., de uma fase de lua crescente, ou início da cheia, noite límpida.

21 pétalas de rosas brancas, recém colhidas, rão podem ser compradas

21 pétalas de rosas cor-de-rosa, que podem ser compradas

01 prato de barro

200 ml de água fervente, potável
01 calcinha cor-de-rosa ou branca, bem sexy
01 tira de plástico transparente, para cobrir o prato
01 vaso para plantas, mínimo 50 cm de altura
Saquinhos de terra fértil, para encher o vaso
01 muda de rosa vermelha, não-comprada

Preparo I

- Nessa noite, antes das 21:00 hs., tome seu banho normal de asseio e vista uma túnica branca (não tendo, vista-se com uma camiseta branca e calça idem, sem roupas íntimas).
- Coloque a calcinha cor-de-rosa ou branca no fundo do prato, sem dobrá-la.
- Sobre a calcinha, derrame as pétalas cor-de-rosa.
- Agora espalhe as pétalas brancas aleatoriamente.
- Com o máximo de cuidado para não se queimar, jorre a água bem quente sobre as pétalas e a calcinha.
- Espere o tempo suficiente para que esfrie.
- Leve o prato, coberto pelo plástico, para banhar-se ao luar, num local superior a meio metro do chão.
- Mire p prato e recite o mantra:

"Salve lua, lua linda, és mui bela, mas sou mais bela que ti. Teu fulgor me ilumina o corpo, fazendo-me atraente e capaz de coisas que me fogem à mera imaginação."

- Afaste-se dois ou três passos, em segurança, com olhar ainda fixo ao prato, entrando para sua casa, de maneira a não visualizar o prato por duas ou três horas.
- Findo esse intervalo de tempo, recolha o prato, retire dele a calcinha, pondo-a para secar naturalmente por toda a noite, num local reservado de luz lunar.
- Recubra o prato e leve-o ao banheiro.
- Na manhã seguinte (a calcinha já deve estar seca), no banheiro, dispa-se e jogue essa água impregnada pelo aroma das rosas do pescoço para baixo (se possível, antes disso, não tome banho).
- Espere a água escoar do seu corpo, vista a calcinha rosa e vá à luta rotineira.

Frequência: refaça esse ritual por mais sete vezes consecutivas, com a mesma calcinha.

O prato pode ser reutilizado, as flores colocadas no vasinho descrito a seguir. A calcinha, após lavada, pode ser usada normalmente.

Preparo II

Antes do término da fase descrita no "Preparo I", proceda como explicado na sequência:

- Coloque a terra no vasinho, sem compactá-la em excesso.
- Plante essa muda de rosa.

- As pétalas recolhidas do banho devem ser espalhadas no entorno da muda.
- Antes de se afastar do vaso, profira a seguinte frase, com muita compenetração e convicção:

"Não há nada neste mundo que eu não seja capaz. Nenhuma adversidade neutralizará a felicidade dos meus dias, nem fragilizará minha determinação."

Cuide dessa muda como se dela dependesse o seu sucesso diário.

Ilustração do prato de barro

Espantar alguém tóxico

Quem de nós, às vezes, não é obrigado a conviver socialmente com pessoas mesquinhas, traiçoeiras e falsas, seja no trabalho, seja nos condomínios, ou, inclusive, no seio da própria família. Quando além disso são provocadores de intrigas e desavenças, a situação nefasta pode tornar-se arriscada e irremediável para você e sua família, desaguando em desavenças, desemprego e perigo de vida.

Para eliminar a possibilidade disso infectar a sua sobrevivência, segurança e felicidade, faça esse ritual que vou descrever, providenciando os materiais e ingredientes, na primeira ou última semana de qualquer mês.

01 prato de barro grande
01 folha de papel sulfite cor branca e virgem
01 espelho pequeno (desse de camelôs)
01 caneta preta esferográfica virgem, escrita fina
06 palitos de incenso tipo patchouli
210 cm de fita vermelha
07 pimentas malagueta, bem vermelhinhas
07 limões taiti na iminência de putrefação
01 tesoura
01 martelo de amaciar carne, ou outro pequeno

Preparo
- Numa noite de lua minguante (se for a última noite é melhor), com a tesoura, corte o papel no formato de círculo equivalente ao fundo do prato.
- De maneira que se cruzem mais ou menos no centro do círculo de papel, escreva o nome

completo da pessoa, uma vez na horizontal, outra na vertical.

- Coloque o espelho no fundo do prato.
- Por cima, coloque esse papel circulado, com o nome cruzado da pessoa encostado à parte refletora do espelho.
- Com todo o cuidado, para não se ferir, bata o martelo em cima do círculo de papel, para ao menos trincar o espelho.
- Com a imagem daquela pessoa fixa em sua mente, vá dando nós na fita, totalizando vinte e um nós.
- Formando um caracol, coloque essa fita sobre o papel sulfite, imaginando essa pessoa está emaranhada, imobilizada e impedida de lhe causar qualquer mal ou problema, por perder-se nesse labirinto.
- Jogue por cima as pimentas.
- Em volta, distribua os 6 limões.
- O sétimo limão, esprema o suco na fita.
- Espeto cada palito de incenso em cada limão e acenda-os.
- Enquanto ardem os palitos, coloque o prato num canto seguro, no nível mais baixo possível, enquanto pede em oração o afugentamento dessa pessoa, dizendo, por sete vezes: "Fulano(a), vai-te para longe da minha vista, para nunca mais voltar".

- Vá para seus afazeres, voltando após a queima completa dos incensos.
- Recolha o prato e leve-o para fora de casa (morando em apartamento, leve-a para a lavanderia).
- Aguarde sete dias e despache todo o conteúdo do prato numa cova, lavando e reutilizando o prato.

Esse ritual serve também para afastar o(a) ex-mala, que não se conforma com o fim de um relacionamento, ou um, ou uma rival e vive assombrando a sua vida.

Para sossegar marido "galinha"

Nada mais repulsivo e vexatório para uma mulher do que quando percebe seu marido, noivo, namorado, fixando seu olhar para as mulheres que passam por vocês, não é mesmo? E o pior é que, guardado o devido respeito, nem sempre a outra pessoa é mais interessante do que você, denotando isso ser um vício resultante de resquício da formação patriarcal e do machismo. Se você deseja continuar com esse relacionamento, mas abomina esse mau-hábito dele, experimente esse ritual. Importante lembrar que ele nunca deverá saber da execução desse ritual, pois isso acontecendo todo o efeito será cancelado.

Ingredientes e materiais necessários

01 cebola média, descascada

01 alguidar de barro pequeno

01 tira de papel sulfite branco de 11 x 2 cm
01 copo plástico vazio de requeijão, bem higienizado
01 garrafa de álcool 70 INPM
01 faca comum
01 cueca usada do "galinha"
01 caneta azul
Milo de um pão francês comum
Fósforos

Preparação
- Preferencialmente numa fase de lua minguante, corte uma tampinha da cebola, próximo à parte da raiz, para que ela fique em pé.
- Com cuidado, retire o máximo que puder do miolo da cebola, sem desmanchá-la.
- Com a caneta azul, escreva o nome completo do batismo dele.
- Enrole formando um canudinho e introduza-o na cavidade da cebola.
- Com ajuda do miolo, lacre essa entrada da cebola, deixando plana essa abertura, para que se conserve em equilíbrio vertical.
- Coloque essa cebola, com a face lacrada pelo miolo para baixo, no centro do alguidar.
- Em volta da cebola, coloque a cueca dele.
- Encha o copo plástico com álcool e vá derramando em círculos, sobre a cueca e a cebola, iniciando pela cueca, enquanto recita:

"Assim como o álcool queimará sua cueca e esta cebola, eu cozinharei o coração de (dizer o nome completo dele), para que nunca mais dê atenção ou volte seu olhar de desejo para outra mulher."

- Para assegurar-se de segurança, afaste-se um pouco desse recipiente, risque alguns palitos de fósforos e jogue na cueca.
- Afastada, espere que se queime na totalidade.
- Após isso, recolha o alguidar, com tudo o que restou da combustão, e leve para debaixo da cama, do lado em que ele costumeiramente dorme, coberto, bem vedado por um saco plástico, para não exalar odor.
- Deixe-o aí por ao menos duas horas.
- Após esse intervalo de tempo, recolha tudo, descartando no l xo, exceto o alguidar, que pode ser reutilizado, após higienizado.

Reaproximação de um amor

Já vou logo av sando a todos que este trabalho místico não se relaciona em nada com uma amarração amorosa, tendo unicamente o intuito de atrair para você a pessoa amada que, por algum motivo banal, rompeu com você. A primeira vez que fiz esse ritual para alguém foi para socorrer uma amiga minha que estava aflitíssima com o rompimento de seu noivado de cinco anos. Como eu a conhecia de outros carnavais, sabia o quanto ela era honesta, sincera e fiel, sendo válida a recíproca em relação ao seu par. Como as minhas magias nunca originam consequência maléficas, decidi testar esta magia que havia aprendido com uma das minhas tias, quando eu ainda era adolescente. Para empreender esse ritual eu pedi-lhe que me trouxesse uma maçã - não importando o tipo -, bem vermelha, ainda com o pedúnculo é que tivesse sido colhida por ela. Ela, em princípio, criou obstáculos, porque nem de longe imaginava como poderia obter uma maçã, ou pior, onde encontraria uma macieira para colher-lhe o fruto. Dessa vez, quem lhe veio em socorro foi minha vizinha que, de bom grado, lhe ofereceu uma maçã tão viçosa que dava até vontade de se comê-la. Ressalva se faça, a consulente (minha amiga desconsolada) é quem deveria receber a fruta e passá-la para mim. De posse dos demais ingredientes, sem a necessidade da presença dela, eu iniciei a preparação da maçã, como relatado sequencialmente

- Com todo o cuidado para não danificar o pedúnculo, higienizei a maçã, inserindo-a num frasco de porcelana, mergulhada numa solução obtida por 10% de água potável e 90% de vinho tinto suave. Aguardei duas horas.
- Findo esse intervalo de tempo, retirei a maçã desse banho, reservando a solução para uso futuro.
- Com uso de uma faquinha afiada, cuidadosamente para não ferir o pedúnculo, cortei essa maçã em duas partes, cada uma delas parecendo um coração.

- Com lentidão e esmero, para não me ferir, retirei as sementes de cada uma das metades das maçãs, resultando em cada uma delas um sulco em forma de meia esfera.
- No sulco da metade da maçã com pedúnculo, simbolizando o homem (pode também ser o ativo da relação), coloquei um cravo, pressionando a extremidade mais grossa para dentro da polpa. No sulco da outra metade da maçã, preenchi com canela em pó.
- Com o máximo de cuidado para não derramar a canela, juntei as duas metades, pressionei bem uma contra a outra e depois as fixei com ajuda de elástico (pode também ser barbante, linha, fita crepe).
- Cuidadosamente para não destruir o cabinho, enrolei a maçã num pedaço de papel alumínio, deixando o cabinho à mostra. Lacrei as pontas do papel alumínio com pedaços de fita crepe.
- Amarrei um pedaço de barbante forte ao cabinho, restando mais ou menos trinta centímetros do barbante.
- Com a outra ponta do barbante, amarrei esse embrulho na varanda, permitindo que recebesse a luz da lua (na verdade, a lua somente reflete a luz do sol, não tem luz própria).

- Na manhã seguinte, recolhi o embrulho e desembrulhei o papel para que ela ficasse à mostra, sem separar as partes da maçã.
- Coloquei a maçã num frasco de vidro com boca larga.
- Enchi o frasco com mel até cobrir a maçã.
- Num coração desenhado num pedaço de papel sulfite, dividido pela metade, na metade à esquerda escrevi o primeiro nome dele com caneta azul; na metade à direita, escrevi o nome dela com caneta vermelha.
- Por cima do mel, joguei pétalas de rosas vermelhas, colhidas no dia anterior até chegar ao nível de transbordo.
- Lentamente, adicionei azeite extravirgem até a boca.
- Tampei o frasco e levei-o até o pé de uma árvore frondosa e forte, pedindo à Santa Sara Kali que, se fosse para felicidade de ambos, os reaproximasse, para uma conversa franca, amigável e ponderada.
- Virei-me de costas e me afastei do local, por sete passos, sem olhar para trás.
- Repeti o pedido em favor dessa pessoa, retrocedi para junto do frasco, recolhendo-o para levar para casa.
- Assim que cheguei em casa, coloquei o frasco aberto fora de casa num local com

mais de 1,70 metros (o mínimo dessa altura deve ser superior à da pessoa favorecida).

- Entrei em contato com ela, pedindo-lhe que viesse buscar o preparado.
- Entreguei-lhe o preparado com a recomendação de que servisse esse preparado para os pássaros, num local arborizado, mentalizando cenas de amor entre eles.

Menos de seis dias depois disso, recebi a visita dessa amiga transbordando de felicidade pelo retorno de seu noivo, desta feita já com data marcada para núpcias. Eu me senti muito gratificada por tê-la ajudado a restaurar a felicidade e alegria de viver dela.

Riqueza e prosperidade

Se você for daquelas pessoas que, como eu, julga a riqueza e prosperidade uma dádiva a ser aproveitada em benefício próprio e das pessoas a quem ama, sempre desprovida de arrogância e prepotência, experimente pôr em prática este ritual.

Essa invocação, composta por duas partes, deve ser recitada ao deitar-se e ao levantar-se para o início da rotina diária, por vinte e uma vezes (resultando um total de 42 evocações). A pessoa deve pronunciá-la de joelhos ou em pé, nunca deitada ou sentada, e de olhos cerrados, para facilitar a concentração do pensamento, tendo previamente a memorizada.

Parte I
Invocação das Forças Sobrenaturais e do CRIADOR

"Oh! CRIADOR DE TODAS AS COISAS, que eu denomino por DEUS. TU, SENHOR, dissestes: peça e receberá, mesmo que eu não seja digno da tua benevolência e condescendência. Eu clamo neste momento a TI, em meu benefício, mesmo TU estando no mais alto grau da TUA divina glória; estreita a distância brutal que existe entre nós, inclinando TEUS santos ouvidos na direção do meu clamor, para satisfazer minhas petições. Ouve-me e permita que eu obtenha toda abundância de saúde, felicidade e bens materiais, pois tudo isso foi abençoado pelo SENHOR, e criado para deleite de TEUS mortais filhos.

DEUS, permita que sejam supridas todas as minhas necessidades, impedindo a escassez de tudo aquilo que TEU filho necessita para viver feliz, saudável e com fartura. Determina que as Forças do Universo ajam a meu favor.

Assim é, meu CRIADOR, pois é a TUA vontade.
Obrigado"

Parte II
Salmo 23 adaptado
Nesse Salmo 23, modifica-se o tempo verbal para o presente, porque você deve visualizar seus pedidos,

desejos e aspirações já acontecendo (treinando para imaginá-los já realizados) e não por acontecer.

"O SENHOR é o meu pastor, e nada me falta. Deita-me em verdes pastos, guia-me mansamente a águas tranquilas. Refrigera a minha alma, guia-me pelas veredas da justiça, por amor do SEU glorioso nome. Ainda que eu ande por extrema necessidade ou imposição, pelo vale da sombra da morte, não temo mal algum, porque TU estás comigo sempre; a TUA vara e o TEU cajado me consolam e me protegem de todos os perigos e tentações do mal. Preparas uma mesa perante mim na presença dos meus inimigos e adversários, unges a minha cabeça com o óleo sagrado, o meu cálice transborda de fartura, de saúde, felicidade e recursos financeiros. Certamente que a bondade, a prosperidade, a humildade e a misericórdia me seguirão por todos os dias de minha vida, porque sou protegido pelo meu SENHOR CRIADOR DE TODAS AS COISAS.

Obrigado, obrigado, obrigado"

Utensílios de magia

Patuá sorte nos jogos, combinado Salomão-Cipriano

Este amuleto é destinado àquelas pessoas que sonham em ganhar prêmios nas loterias e, persistentemente, apostam aleatoriamente, sem qualquer critério ou técnica, apenas engordando os cofres do governo e dos donos de lotéricas. Não se deve esquecer que essas loterias sorteiam mais de dez milhões semanalmente, sendo a Mega ena a estrela principal, e a de menor probabilidade de acerto, devido aos altos prêmios pagos por acumulação recorrente. Há ainda sorteios vultosos em datas especiais como a Quina de São João.

Faça este utensílio mágico com muita fé, obedecendo rigorosamente as outras etapas procedimentais e aproveite do aumento das chances de ganhar dinheiro nessas apostas sem gastar tanto dinheiro.

Você vai precisar providenciar os seguintes materiais e ingredientes:

½ de colher de café rasa com canela em pó

01 moeda de R$ 1,00

01 imagem impressa de trevo de quatro folhas

01 imagem do trevo de quatro folhas

01 retalho de papel sulfite de cor branca, virgem, formando um pergaminho, com a Evocação 1

01 retalho de papel sulfite de cor branca, virgem, formando um pergaminho, com a Evocação 2

01 retalho de papelão de 3,5 x 3,5 cm

01 retalho de tecido resistente de 4,5 x 10 cm, para formar um invólucro de 4,5 x 5 cm

01 carretel de linha de costura de cor branca ou vermelha

01 agulha adequada para a linha de costura

06 tiras de fita crepe de aproximadamente 2 x 4 cm

01 saquinho plástico de 4 x 4 cm

01 cola para papel em bastão

01 caneta azul se for para homem, vermelha se for para mulher

Confecção do pró-patuá

- Numa das faces do retalho de papelão, cole o trevo, escrito ao centro as iniciais da pessoa que será agraciada com o poder desse patuá.

- Na face versa, cole o hexagrama, escrito ao centro a data de nascimento da pessoa, abreviadamente (por exemplo, 11/07/97).

- Sobre o hexagrama, coloque a moeda de um real, com o número para cima, prendendo-a com dois pedaços de fita crepe ao retalho.

- Enrole o pergaminho com a Evocação 1 nesse retalho de papelão, prendendo o que já nele está fixo.

- Prenda esse pergaminho com um pedaço de fita crepe, de maneira que não escape.

- Dobre em duas metades longitudinais iguais o pergaminho da Evocação 2.
- Em formato de cruz com o pergaminho 1, enrole o pergaminho da Evocação 2 no retalho de papelão.
- Fixe-o com um pedaço de fita crepe.

Arremate
- Coloque o pró-patuá no saquinho, ainda aberto, de plástico.
- Com cuidado, insira no saquinho o pró-patuá.
- Com cuidado, para não derramar, coloque nesse saquinho a canela em pó.
- Lacre as aberturas desse saquinho com fita crepe.
- Agite um pouco para espalhar a canela em pó no saquinho.
- Com o retalho de tecido já dobrado, segundo as dimensões, costure as bordas, deixando, porém, uma em aberto suficiente para por ela inserir o patuá.
- Insira ao patuá e termine a costura, acondicionando o patuá no invólucro de tecido.

Ilustrações do trevo e do hexagrama

Evocação 1 (pronta para impressão)

Invoco o Poder Infinito do Poderoso Criador de todas as coisas visíveis e invisíveis, conhecidas e desconhecidas; invoco toda a força do Universo e os dons divinos de São Cipriano, em favor do portador deste patuá, para que o portador deste patuá seja agraciado com tudo o que a vida nesta Terra pode oferecer de melhor, com saúde, paz, sorte nos jogos, felicidade, riqueza e abundância, pois isto nos está prometido e garantido desde a nossa origem.

DEUS É GRANDE!

Evocação 2 (pronta para impressão)

O Senhor é o meu pastor, nada me faltará.

Deitar-me faz em verdes pastos, guia-me mansamente a águas tranquilas.

Refrigera a minha alma; guia-me pelas veredas da justiça, por amor do seu nome.

Ainda que eu andasse pelo vale da sombra da morte, não temeria mal algum, porque tu estás comigo; a tua vara e o teu cajado me consolam.

Preparas uma mesa perante mim na presença dos meus inimigos, unges a minha cabeça com óleo, o meu cálice transborda.

Certamente que a bondade e a misericórdia me seguirão todos os dias da minha vida; e habitarei na casa do Senhor por longos dias.

"Senhor DEUS, dai ao portador(a) deste patuá toda fartura. Felicidade, saúde e prosperidade necessária para viver sem nenhum tipo de necessidade com a família dele(a). Amém."

Micropergaminho

0554 --- 4610567 --- 0554 --- 4610567 --- 0554 --- 4610567 --- 0554 --- 4610567 --- 0554 --- 4610567 --- 0554 --- 4610567 --- 0554 --- 4610567 --- 0554 --- 4610567

Oração em favor do portador(a) par ganhar nos jogos

"Ó misterioso espírito que dirige nossas vidas, vem até minha humilde morada! Me ilumina para que eu consiga o prêmio em meio aos azares da loteria, prêmio este que me dará mais felicidade, bem estar e repouso. Se for preciso, penetre minha alma e veja que minhas intenções são puras e nobres, apenas visando o bem."

Instruções

As instruções transcritas a seguir devem ser executadas e rigorosamente praticadas pelo usuário(a) do patuá.

1) Abertura da embalagem

- Preferencialmente, abra a embalagem contendo o seu patuá, num local solitário e longe de olhares furtivos de terceiros.
- Nunca comente com as pessoas que você porta esse poderoso patuá, pois isso somente interessa a você e o sigilo é fundamental no esoterismo.
- Nunca permita que outras pessoas, mesmo sendo sua mãe, toquem no seu patuá. Caso isso aconteça, acidentalmente, proceda como descr to no Procedimento 01.
- Seu patuá deve repousar, debaixo do seu travesseiro, enquanto você dorme, por vinte e um dias consecutivos, preferencialmente iniciados numa noite de Lua Crescente.
- Caso seu patuá seja violado, ou seja, tenha seu conteúdo interno tocado ou destruído por alguém, enterre seus fragmentos ao pé de uma árvore frondosa, sob cova de sete centímetros, enquanto entoa por três vezes a seguinte oração:

"Que este patuá seja devolvido ao Universo e me retorne com o dom da sorte nos jogos."

Então, aguarde sete dias corridos para adquirir um outro patuá deste tipo".

2) Magnetização (sete noites consecutivas)

Segure seu patuá na mão direita, mirando-se num espelho que seja possível visualizar a sua face por completo e entoe a seguinte evocação, por sete noites consecutivas, compenetradamente e com muita convicção, antes de dormir:

"Eu, (diga o seu nome completo de batismo), sou uma pessoa de muita sorte nos jogos e na vida. Eu agradeço ao Universo por ser tão benevolente comigo e evoco a meu favor todas as entidades que sempre auxiliaram o Rei Salomão - filho de Davi -, a ter sorte e conseguir muita abundância e riquezas. Obrigado, obrigado, obrigado."

3) Absorção (quatorze noites consecutivas)

Após o período de magnetização, por quatorze noites consecutivas, você deve pronunciar, sete vezes consecutivas, cada uma das seguintes afirmações:

Eu, (diga seu nome de batismo completo), aceito ser uma pessoa de muita sorte na vida e nos jogos de loteria, por isso estou pronto para receber toda e qualquer premiação.

Eu, (diga seu nome de batismo completo), mereço ser uma pessoa de muita sorte na vida e nos jogos de loteria, por isso estou pronto para receber toda e qualquer premiação.

Eu, (diga seu nome de batismo completo), sou uma pessoa de muita sorte na vida e nos jogos de loteria, por isso estou pronto para receber toda e qualquer premiação.

Nota: para resultados mais rápidos, você deve especificar (pronunciar nas afirmações) o tipo de jogo que deseja acertar (quina, lotofácil, dupla sena, mega sena, etc.), devendo refazer esta fase para cada tipo de jogo.

4) Ativação (vigésimo segundo dia em diante, ou noite)

4a) Erga seu patuá com a mão esquerda para uma posição um pouco acima da sua cabeça.

4b) Com o dedo médio da mão direita, faça massagens suaves no terceiro olho, em círculos, por dois minutos, estimulando-o, pedindo, por sete vezes, ao Universo que ilumine sua mente e lhe revele os melhores números a serem apostados.

"Eu, (seu nome completo), peço às Forças do Bem do Universo que iluminem a minha mente e me façam ver os melhores números, para apostar na (diga o nome do jogo e o número do concurso)."

A ativação deve ser executada para cada tipo de jogo que pretenda apostar.

Recebendo as mensagens numéricas

Com o seu patuá já ativado, chegou o momento de conectar-se com o sobrenatural, usando seu patuá como fio condutor, para receber as mensagens notificando você sobre os melhores números a serem apostados. Não se preocupe se demorar um pouco de tempo para você sentir essa conexão, afinal, muito possivelmente, até então, você só acreditou no materialismo puro, naquilo que pôde tocar. Para facilitar ou minimizar a possibilidade de você não se lembrar dos números transmitidos a você, tenha próximo de você uma caneta na cor azul, esferográfica, virgem (que nunca deve ser tocada por mais ninguém, além de você) e um pedaço de papel, ou o volante, que deve nunca ter s do tocado por ninguém, após você tê-lo retirado da casa lotérica.

Se você prefere jogos pela Internet, antes de digitá-los no site apostador, deve assinalá-los no volante, guardando esse volante longe de olhares e toque de terceiros, mesmo que seja seu filho, filha, esposa, mãe, pai, etc, até conferir o resultado do sorteio.

Algumas pessoas têm seu contacto mais acurado com o sobrenatural, quando estão adormecidas (método A). Outras, diferentemente, têm seus sentidos mais apurados quando estão acordadas e relaxadas (método B). Somente você pode descobrir qual é o seu caso, ou, simplesmente, executar ambos os métodos.

Método A

Com seu patuá debaixo do seu travesseiro, ao sentir que o sono está chegando, ou após um leve cochilo, fixe em sua mente, da maneira mais nítida possível, o volante de aposta (do jogo que vai apostar), pedindo às Forças do Universo que mostrem e gravem em sua memória os melhores números para você apostar no jogo "tal", concurso "tal". Os números a serem apostados devem ser evidenciados por cintilação, ou flutuando, destacando-os dos demais.

Assim que acordar, anote imediatamente esses números e agradeça ao Universo (ou a DEUS, ou outra entidade que você devotar).

Método B

Sente-se confortavelmente numa poltrona ou cadeira, inspire e expire, calma e profundamente, tendo perto de você o pedaço de papel, ou volante, e a caneta.

Erga seu patuá com a mão que você não costuma escrever para uma posição um pouco acima da sua cabeça, levemente inclinado para o ponto cardeal leste.

Com o dedo médio da outra mão, toque levemente o seu terceiro olho, pedindo, por sete vezes, ao Universo que ilumine sua mente e lhe revele os melhores números a serem apostados, de olhos fechados e concentrados nas palavras e no modelo do volante.

"Eu, (seu nome completo), peço às Forças do Bem do Universo que mostrem a minha mente os melhores números, para apostar na (diga o nome do jogo e o número do concurso)."

Atente para cada número que se sobressair em sua mente; pegue a caneta e o(s) volante(s) de aposta, assinalando ou anotando cada um dos números que serão enviados a sua mente.

.

Atenção

Você deve sentir claramente cada número se revelando, se destacando, para você, um a um, para neles apostar.

Enquanto isso não acontecer (pode demorar alguns dias até você conseguir a concentração e conexão ideais), ou você não conseguir a sensibilidade e tranquilidade necessárias para a comunicação, pode ser que não lhe sejam evidenciados todos os números. Nesse caso, aposte nesses evidenciados e em outros que seu íntimo escolher.

Ilustração do terceiro olho

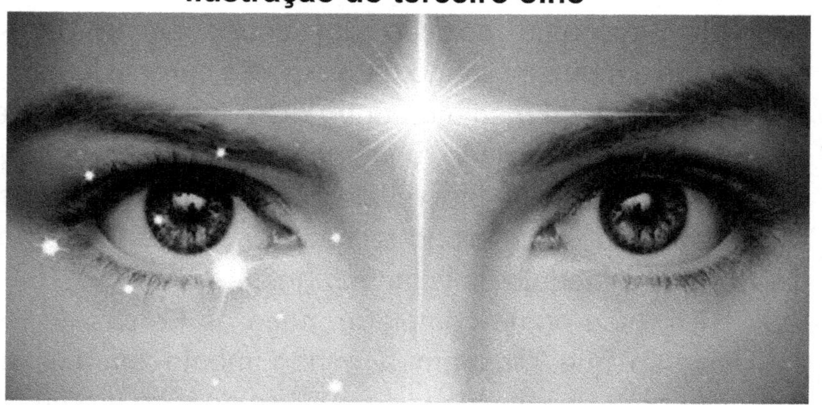

Procedimento 01

Se, acidentalmente, alguém tocar em seu patuá por mais de sete segundos, pegue-o rapidamente em suas mãos e, mirando-se num espelho, entoe com muita concentração, vigor e fé, por sete vezes consecutivas:

"Este patuá pertence unicamente a mim (diga em voz clara e firme o seu nome de batismo), sendo somente benéfico a mim e não sujeito a quaisquer interferências negativas pelo toque de outras mãos."

Refaça o procedimento de magnetização, atração e ativação.

Patuá cigano para fama e sucesso

Nem sempre somente ter-se o dom inato para algo é garantia de se conseguir a tão sonhada fama ou sucesso numa atividade. Há pessoas absolutamente capazes que não alcançam, por mais que se esforcem, a ascensão profissional e o reconhecimento público que lhe permita ser uma pessoa afamada e de sucesso, porque isso depende de outros fatores nem sempre estão a nossa disposição. Se você, com certeza absoluta, tem algum dom inato, mas é rejeitado(a) pelo destino e está a ponto de desistir de seu intento e resignar em ser eterno fracassado(a), faça este patuá.

Este patuá foi elaborado para prover ao portador facilidades, para colocar as pessoas certas no caminho delas, propiciando oportunidades que poucos têm. Não importa se o objetivo é ser cantor, ator, humorista, pintor, músico, apresentador, compositor, jurista, executivo. O importante, o fundamental, o indispensável é a certeza do dom para essa atividade.

Numa noite em que se inicie uma fase de Lua crescente, límpida, providencie os materiais elencados:

01 retalho de papelão de 3,5 x 3,5 cm, com os cantos levemente arredondados

01 imagem de trevo de quatro folhas, dimensões um pouco inferiores ao retalho de papelão

01 imagem de hexagrama, dimensões um pouco inferiores ao do retalho de papelão

01 imagem de âncora, dimensões um pouco inferiores ao do retalho de papelão

01 caneta vermelha, se mulher, preta se homem, esferográfica virgem

01 retalho de tecido resistente de cor vermelha ou branca, 4 x 8 cm

01 carretel de linha vermelha

01 agulha de costura, compatível com a linha

01 retalho de tecido na mesma cor do outro retalho, 2 x 75 cm, para servir como colar do patuá, se quiser

01 tubo de cola de papel

Confecção

- Na imagem do trevo, escreva o seu primeiro nome.
- Na imagem do hexagrama (estrela de seis pontas), escreva seu sobrenome.
- Na imagem da âncora, na parte da noz, escreva seu nome artístico, de cima para baixo (sendo composto). Na secção da cruz, escreva a atividade.
- Numa das faces do retalho de papelão, cole o trevo.
- Na outra cole o hexagrama.
- Cole a âncora ligando o trevo, um canto do retalho e o hexagrama, com a parte da cruz tocando o hexagrama.
- Dobre o retalho de tecido e comece a costurá-lo, reservando um canto aberto para inserir essa montagem (papelão e imagens).

- Termine de costurar o retalho de tecico, fechando-o totalmente, obtendo um saquinho fechado.

Caso queira usar o patuá com o pingente, basta costurar adequadamente aquele retalho de 2 x 75 cm no saquinho obtido, bastando para isso um pouco de criatividade e paciência.

Durma com esse patuá por 21 noites, ou dias, se for trabalhador(a) noturno(a), debaixo do travesseiro, imaginando-se agraciado pelo sucesso. Use-o sempre que surgir oportunidade no ramo escolhido.

Alcançado o objetivo, use esse patuá por mais virte meses, enterrando-o, enquanto agradece ao Universo a dádiva concedida, numa covinha.

Seja grato, sendo humilde e benevolente com o próximo.

Ilustração do trevo, hexagrama e da âncora

Patuá olho de lobo versão cigana híbrida

O patuá olho de lobo foi originalmente concebido para conquistas amorosas, aumentando seu magnetismo pessoal, para atrair a atenção das pessoas (do sexo escolhido por você) para você. Há, porém, por pura exploração comercial, sem comprovação de resultados positivos, alguns patuás olho de lobo divulgados para outras finalidades. Este que será apresentado destina-se a atração amorosa e contém internamente pelo de cachorro mais assemelhado ao de um lobo, já que lidar com lobos, animal selvagem, é muito perigoso.

Providencie o seu patuá seguindo as seguintes recomendações sequenciais.

Providenciando os materiais, num dia qualquer à noite, antes da meia-noite:

21 pêlos do rabo de cachorro da raça Malamute-do-Alaska branco ou Husky Siberiano, sendo do macho para se conquistar mulheres e fêmea para se conquistar homens, com idade máxima de oito anos

01 semente de lobeira-guarambá

01 retalho de papelão com os cantos arredondados, de 3,5 x 3,5 cm

01 retalho de tecido resistente de cor preta, 4 x 8 cm, cantos arredondados

01 carretel de linha branca ou vermelha

01 agulha de costura, compatível com a linha

01 tira de papel sulfite branco com a oração cigana impressa (caracter em Calibri 6)

01 pedaço pequeno de fita crepe

01 tubo de cola super bonder ou similar

01 tesoura

Montagem do conteúdo interno

- Com cuidado para não colar os dedos, sobre uma das faces do retalho de papelão, centralizando, cole juntos os pêlos do rabo do cão.
- Espere a cola secar por completo.
- Na outra face, cole a semente, esperando a cola secar-se.
- Dobre o retalho de papel, com a impressão, obtendo uma tira de mais ou menos 2,5 cm de largura.
- Iniciando pelo olho de lobo, dê a volta na tira, abraçando o olho e os pêlos.
- Com ajuda do pedaço de fita crepe (ou durex), fixe essa tira de papel.
- Como nos procedimentos anteriores, dobre o retalho de tecido e costure por toda a volta, de forma que a montagem fique totalmente inserida nesse tecido.

Oração cigana a ser impressa, sem as aspas

"Ó, poderosa Cigana-da-Estrada, rainha das conquistas amorosas, peço a sua poderosa intercessão a partir deste momento, para que eu irradie encantamento e atração de pessoas que me venham a interessar dispostas em meu entorno. Faça-me uma pessoa irresistível, simpática, sedutora e encantadora aos olhos das outras pessoas, principalmente nos ambientes sociais".

Atividades do portador ou beneficiário dos poderes desse patuá.

Sendo esse patuá confeccionado para agraciar alguém, o portador deverá seguir as seguintes recomendações, para obter ótima eficiência.

Abertura da embalagem

1a) Abra a embalagem contendo o seu patuá, num local solitário e longe de olhares furtivos de terceiros, mesmo que essa pessoa seja seu parente.

1b) Nunca comente com as pessoas que você porta o patuá, pois isso somente interessa a você, e o sigilo é fundamental no misticismo.

1c) Nunca permita que outras pessoas, mesmo sendo sua mãe, toquem no seu patuá. Caso isso aconteça, acidentalmente, proceda como descrito no Procedimento 01.

1d) Seu patuá deve repousar, debaixo do seu travesseiro, enquanto você dorme - ou debaixo do colchão, protegido, para não se romper -, por vinte e um dias consecutivos {incluindo a fase de magnetização (7 noites) e de atração e absorção (14 noites)}.

1e) Caso seu patuá se deteriore por qualquer motivo, enterre seus fragmentos ao pé de uma árvore frondosa, sob cova de sete centímetros, aguardando sete dias corridos para adquirir um semelhante.

1f) Caso seu patuá seja violado, ou seja, tenha seu conteúdo interno tocado ou destruído por alguém, enterre seus fragmentos ao pé de uma árvore frondosa, sob cova de sete centímetros, enquanto entoa por três vezes a seguinte oração:

"Que este patuá seja devolvido ao Universo e me retorne com o dom do sucesso e da atração do amor e da paixão."

1g) Então, aguarde sete dias corridos, para adquirir um outro patuá similar ou não.

Magnetização (sete noites)

2a) Segure seu patuá na mão direita, mirando-se num espelho com dimensões suficientes para visualizar a sua face por inteira e entoe a seguinte evocação, por sete noites consecutivas, compenetradamente, e com muita convicção, antes de dormir:

"Eu, (diga o seu nome completo de batismo), sou uma pessoa maravilhosa, iluminada, atraente, irresistível e protegida pelo Universo. Todas as pessoas se sentem privilegiadas e seguras com a minha companhia e agraciadas pela minha conversa inteligente e oportuna. A minha evolução me conduz dia a dia ao patamar mais elevado de autoestima, autovalorização e autoconhecimento, sem perder a humildade, o que aumenta ainda mais o meu magnetismo pessoal atraindo pessoas relevantes para meu progresso pessoal.

Eu agradeço ao Universo por ser tão benevolente comigo, por me proteger e conspirar sempre ao meu favor.

Obrigado, obrigado, obrigado."

Atração geral e absorção (quatorze noites)

3a) Após o período de magnetização, você deve pronunciar a seguinte afirmação, por quatorze noites consecutivas, mentalizando claramente, com o máximo de detalhes, o tipo de pessoa que deseja atrair para si (tipo físico, nível cultural, nível financeiro, etc.), imaginando-se protegido por um escudo invisível impenetrável pelo mal e pelo fracasso.

"Eu, (diga seu nome de batismo completo), aceito ser uma pessoa muito atraente e irresistível ao sexo (dizer o tipo de sexo que quer atrair), além de ser amparado e protegido dos perigos pelas forças do Universo."

"Eu, (diga seu nome de batismo completo), mereço ser uma pessoa muito atraente e irresistível ao sexo (dizer o tipo de sexo que quer atrair), além de ser amparado e protegido dos perigos pelas forças do Universo."

"Eu, (diga seu nome de batismo completo), sou uma pessoa muito atraente e irresistível ao sexo (dizer o tipo de sexo que quer atrair), além de ser amparado e protegido dos perigos pelas forças do Universo."

Atração específica e absorção, ou reconquistar alguém
(quatorze noites)

4a) Após o período de magnetização, você deve pronunciar a seguinte afirmação, por quatorze noites consecutivas, com pensamento firme nessa pessoa, mentalizando-a feliz ao seu lado, ambos sob a proteçãc e amparo das forças do Universo:

"Eu, (diga seu nome de batismo completo), aceito ser uma pessoa muito atraente e irresistível a (dizer o primeiro nome da pessoa, mentalizando como recomendado acima), para que ambos sejamos abençoados pelo Universo."

"Eu, (diga seu nome de batismo completo), mereço ser uma pessoa muito atraente e irresistível a (dizer o primeiro nome da pessoa, mentalizando como recomendado acima), para que ambos sejamos abençoados pelo Universo."

"Eu, (diga seu nome de batismo completo), sou uma pessoa muito atraente e irresistível a (dizer o primeiro nome da pessoa, mentalizando como recomendado acima), sendo ambos abençoados pelo Universo."

Patuá cigano para fartura

Já vou logo avisando, para não decepcionar mais adiante, ou para alertá-los(as) mesmo, que este patuá não guarda qualquer semelhança com aqueles apresentados na Internet. Inclusive, sem querer ofender ninguém, os disponibilizados na rede não são eficazes, exceto se o executante e o favorecido forem privilegiados no campo sobrenatural. Este, mesmo que a pessoa creia pouco, tenha pouca fé, quase nenhuma convicção na magia, trará resultados positivos. Vá lendo, para aprender a fazê-lo.

Materiais e ingredientes do patuá místico

01 retalho de papelão de 3 x 3 cm, cantos arredondados

01 retalho de pano preto ou vermelho com 12 x 6 cm, aproximados

01 carretel de linha vermelha ou branca, resistente

01 agulha compatível com o diâmetro da linha

01 tubo de cola, tipo superbonder

07 grãos de arroz integral

01 folha de louro, verde e saudável, menor que o retalho de papelão

01 pedaço de canela em pau com dimensões menores que a folha de louro

01 recipiente de vidro com tampa, que caiba o retalho de papelão

01 pedaço de plástico fino, para acondicionar o pré-patuá

04 a 05 pedaços de fita crepe, cada um com 4 cm

01 a 02 gotas de mel puro

01 moeda de R$ 1,00

Montagem do patuá

- Numa manhã com expectativa de sol bem forte, antes das nove horas da manhã, cole a folha de louro no retalho de papelão, com a parte da nervura para baixo.

- Insira isso no recipiente, tampe-o e leve-o para tomar sol até por volta do meio-dia.
- Com cuidado para não se queimar, porque o vidro vai se aquecer demasiadamente, leve-o para dentro de sua casa.
- Com o mesmo cuidado, abra o recipiente e retire dele o retalho de papelão com a folha de louro colada.
- No verso do retalho, face oposta àquela na qual foi colada a folha, cole a moeda.
- Ao redor da folha de louro, cole os grãos de arroz, de forma harmoniosa, sendo que um deles deve ser colado na extremidade fina da folha de louro.
- Sobre a folha de louro, pingue uma ou duas gotas de mel.
- No sentido longitudinal da folha de louro, coloque o pau de canela, sobre as gotas de mel, fixando-o à base de papelão com um ou dois pedaços de fita crepe, tomando o cuidado de não untar a parte colante da fita, pois isso impedirá a fixação.
- Espere que o mel endureça um pouco, mesmo que seja necessário esperar um dia, tomando o cuidado para não ser invadido por insetos, ou outros animais.
- Acomode esse pré-patuá no pedaço de plástico, de maneira que não haja vazamentos.

- Lacre esse conjunto com os pedaços de fita crepe.
- Dobre o retalho de tecido ao meio, obtendo um retalho quadrado de 6 x 6 cm.
- Com a linha, costure três das bordas, insira o pré-patuá e termine a costura, obtendo finalmente o seu patuá.
- Insira o patuá naquele recipiente de vidro, espere o início de uma lua crescente e, tampando o recipiente com o patuá dentro, leve-o para tomar banho lunar por ao menos seis horas.
- Refaça isso por mais duas noites consecutivas.
- Pode usar o patuá como desejar, ou pendurá-lo atrás da porta de entrada das visitas, ou na gaveta do trabalho, ou na porta de entrada de seu estabelecimento comercial.

Importante

Não ostente o seu patuá, isso só interessa a você.

Todo dia 25 de Maio, faça uma entoação agradecendo a Santa Sara Kali, por tudo o que tem recebido de maravilhoso em sua vida.

Esse patuá perde seu efeito no máximo após 19 (dezenove) meses, então você deve refazê-lo.

Ilustração do patuá pronto

Talismã da sorte

Este talismã fantástico é ideal para pessoas que vivem à margem da sorte, azaradas desde o berço. Deve ser confeccionado numa noite qualquer de lua crescente e à luz do luar.

Você precisará previamente providenciar o seguirte, antes das 21:00 hs.

01 mesinha

01 carretel de linha amarela resistente

01 agulha de costura

01 retalho de tecido resistente de cor amarela 4 x 8 cm

01 retalho de papelão de 3 x 3 cm

01 pingente ferradura banhado a prata* com corrente

07 sementes de romã

01 pedaço de fita crepe

01 imagem de estrela de sete ponta, ou heptagrama, com 3 cm de diâmetro

01 tubo de cola super bonder ou similar

*Caso sua situação financeira seja crítica, compre uma bem baratinha de cor branca e, em substituição à corrente, adapte um fio de barbante resistente, para poder pendurar o talismã no pescoço.

Use esse amuleto nas situações em que necessitar de sorte, como por exemplo nas apostas de jogos de loteria, novo emprego, nova atividade profissional ou empresarial, concursos, vestibulares, etc

Confecção

- Leve todos os materiais para a luz do luar, depositando sobre a mesinha o que for usar.
- Cole o heptagrama numa das faces do retalho de papelão.
- Espere secar.
- Agora cole uma semente de romã em cada ponta dessa estrela.
- Espere secar.
- Na outra face, com auxílio da fita crepe, ou durex, fixe o pingente ferradura.

- Dobre o retalho em duas partes iguais, formando um quadrado de 4 x 4 cm, inserindo essa montagem nele, com cuidado para a corrente, ou o barbante, ficarem para fora, de forma que possa ser pendurado no pescoço, após elaborado o saquinho de tecido.
- Costure-o por toda a volta.

Talismã da felicidade e harmonia no lar

Como dizem: "felicidade não é eterna, são somente momentos de felicidade".

Sim, mas você pode aumentar significativamente esses momentos de felicidade, fazendo com que os de tristeza sejam ínfimos, a ponto de quase passarem despercebidos, fator preponderante no ambiente doméstico, profissional e social.

Numa noite de lua qualquer, excetuando-se a minguante, providencie os seguintes materiais e ingredientes, para confecção desse talismã caseiro, iniciando sua confecção antes das 21:00 hs.

01 imagem impressa de cigarra estilizada, tamanho inferior a 3,5 x 3,5 cm

01 imagem impressa de hexagrama, tamanho inferior a 3,5 x 3,5 cm

01 frasco transparente de vidro com tampa, que suporte a incidência de duas horas ao sol

01 retalho de papelão de 3,5 x 3,5 cm, cantos levemente arredondados

01 cola de bastão para papel

01 retalho de tecido resistente de cor branca ou vermelha, ou azul, dimensões 4 x 8 cm

01 agulha de costura

01 linha da mesma cor do tecido para costura

01 meia colher de café rasa de canela em pó

Preparo

- Cole a figura da cigarra numa das faces do retalho de papelão.
- Na outra face, cole a figura do hexagrama.
- Dobre, formando um quadrado de 4 x 4 cm, o retalho de tecido, ao meio.
- Comece a costurar o retalho, para obter um saquinho, não se esquecendo de que, antes de fechá-lo, inserir nele o retalho de papelão com a montagem, para sem seguida adicionar internamente a canela em pó.
- Feche o saquinho.
- Coloque o saquinho fechado (talismã pronto) dentro do frasco de vidro e leve-o para banhar-se à luz da lua por ao menos por uma hora, mentalizando que sua vida e seu lar são agraciados com muita harmonia e felicidade, visualizando nitidamente em sua mente seus familiares e amigos próximos sorridentes, felizes e prósperos.

- Após esse intervalo de tempo, recolha o frasco, guardando-o num armário, impedindo a entrada de luz, até o dia seguinte.
- No dia seguinte, coloque o frasco exposto à luz solar, por cerca de duas horas, preferencialmente entre 11:00 hs., 15:00 hs.
- Com cuidado para não se queimar, porque o frasco pode estar muito quente, retire de dentro o talismã.

Pendure de maneira adequada o talismã atrás da porta de entrada das visitas.

A cada vinte e sete meses, despache esse talismã numa covinha, enterrando-o, e faça um novo.

Ilustração da cigarra estilizada

Perfume para sedução máxima

Este perfume foi elaborado para realçar sua beleza e atrativos naturais, hipnotizando as pessoas a sua volta, tornando-as receptivas e atraídas pela sua presença e magnetismo do olhar. Esse perfume, além de ser de ótima qualidade, pois usa como base o perfume 212, tem poderes maravilhosos que serão transferidos à usuária (embora possa ser utilizado por gays), tornando-a magnificamente sedutora.

Importante

Pode ocorrer que a usuária eventualmente atraia outras mulheres involuntariamente, não se importune, contudo, com esse detalhe, porque você escolhe quem deseja para si.

Também o seu magnetismo pessoal pode atingir níveis tão altos que alguns assédios desagradáveis podem ameaçar ocorrer. Nesse caso, diminua a frequência de uso do perfume, se não souber se desvencilhar diplomaticamente dessas situações, reservando a ênfase de uso, quando de situações ou ocasiões especiais.

Para elaboração desse perfume místico você precisará de:

01 frasco pet ou de vidro com 50 ml, com válvula spray

01 retalho de papel sulfite branco de 3 x 15 cm

01 caneta virgem, esferográfica de cor vermelha

01 copo de com tampa (pode ser um recipiente vazio de requeijão) de aproximadamente 180 ml

01 funil

15 ml de essência 212 Vip Rose

5 ml de fixador

30 ml de base de boa qualidade para perfumes

01 clip de papel

01 retalho de tecido negro para cobrir por inteiro o copo

Confeccionando o micropegaminho
No retalho de papel, escreva com a caneta o transcrito abaixo, na sequência com letra legível:
Primeira linha
Iniciais do nome de batismo da pessoa (exemplo: se for Cristina Rocha da Silva – CRS) e seguindo a data de nascimento (exemplo: sendo 15 de maio – 15/05), três vezes.
Segunda linha
15/05 == 591 718 9181419 === 888 412 1289018 = 15 = 591 888 718 412 == 15/05
No nosso exemplo, teríamos o seguinte micropergaminho:
CRS === 15/05 = CRS === 15/05 = CRS === 15/05

15/05 == 591 718 9181419 === 888 412 1289018 = 15 = 591 888 718 412 == 15/05
Enrole esse retalho de papel no sentido longitudinal, escritos para dentro, obtendo um rolinho de no máximo 1 cm de diâmetro (para acostumar o retalho a essa forma, use um clip, fixando-o nesse formato).
Maturando o perfume
Após o micropergaminho já ter assumido a forma desejada, nas dimensões mencionadas, retire o clip e coloque-o em pé dentro do copo.
Em seguida, suavemente, despeje pelo centro do micropergaminho a essência, em seguida o fixador e por último a base.
Tampe o copo e, com cuidado para não derramar, agite levemente por mais de trinta segundos.

Leve esse copo, tampado, coberto pelo retalho negro, para um local fechado, longe de olhares e toques de curiosos, para repousar, longe da luz, por vinte e três a vinte e cinco horas.

A cada sete horas mais ou menos agite levemente o frasco, sem retirar o retalho que o cobre.

Transferindo para o frasco

Com ajuda do funil, transfira com lentidão o perfume para o frasco (se conseguir utilizar o próprio pergaminho como funil, melhor).

Lacre com a válvula spray - o pergaminho não precisa ir para o frasco, podendo ser descartado, ou utilizado pela favorecida pelo perfume.

Agite e deixe descansar por sete horas, ao abrigo da luz, antes do procedimento compulsório.

Procedimento compulsório a cargo do utilizador do perfume

Magnetização e absorção dos poderes místicos

1 - Se estiver na solidão

Escreva seu nome 13 vezes com caneta vermelha num pedaço de papel sulfite branco e virgem.

Atrás da escrita do seu nome, nesse mesmo papel, escreva o mantra místico numérico:

XX-YY-888-412-1289018

Onde:

XX = dia do seu nascimento;

YY = mês do seu nascimento;

Por exemplo: Pessoa que nasceu dia 03 de junho, deve escrever:

03-06-888-412-1289018

Enrole o papel no frasco e juntos, deixe embrulhado numa calcinha sua, já usada no dia anterior, deixando assim por vinte e um dias, escondido das demais pessoas.

Após esse intervalo de tempo, comece a usar o perfume, recomendado às sextas-feiras, induzindo-se a muita autoestima e autoconfiança no seu poder de seduzir, aplicando-o atrás das orelhas, no pescoço, nos pulsos, no umbigo, entre os seios.

2 – Conservar alguém ou desestimulá-lo a dar atenção a outra pessoa, ou atrair alguém específico.

Num retalho de papel sulfite branco, virgem, com caneta vermelha ou lápis, escreva o nome completo dele por 21 vezes.

Em forma de cruz, sobre o nome dele, escreva o seu nome completo.

Enrole o frasco de perfume nesse retalho de papel, juntos enrole numa calcinha usada no dia anterior.

Leve para um lugar escondido por 21 dias.

Após esse período de tempo, use o perfume, como já indicado anteriormente acrescentando uma vaporizada na região da virilha.

O ápice da sedução é conseguido após três meses de uso do perfume.

Ilustração desse perfume pronto à venda

Quartinha da prosperidade

Para que sua vida entre numa fase crescente e contínua de prosperidade, eu sugiro que monte esta quartinha. Todos meus familiares próximos - sim, porque, infelizmente, há familiares que vieram por efeito colateral e eu os conservo bem longe de mim - fazem montam essa quartinha e não tem o que reclamar da situação financeira.

Eu sempre recomendo que essa quartinha seja montada no mês de maio, iniciada a preparação numa sexta-feira de lua crescente, ou iniciando a cheia.

Estes são os materiais e ingredientes utilizados, além, lógico, como sempre, de um mínimo de fé.

01 quartinha

07 anis

07 folhas de louro, secas, cultivados por você

42 grãos de arroz integral

21 cravos-da-índia

01 frasco pequeno de "Essência chama-dinheiro"

42 grãos de milho de pipoca

07 paus de canela, boa aparência

Sequência de montagem
- Comece espargindo abundantemente a essência na quartinha, enquanto pede ao Universo, invocando a intercessão de Santa Sara Kali, ou outra entidade com a qual você se identifique.
- Com cuidado para não se queimar, acenda na lateral direita, de onde você se posicionará, uma vela branca de tamanho médio.
- Comece a fazer camadas com os grãos, começando pelos de arroz.
- Trave os cravos nessas camadas, com a parte fina para baixo.
- Fazendo um arranjo atraente, trave aos paus de canela nas camadas,
- Espalhe as folhas de louro e os anis, rodeando os cravos e os paus de canela, obtendo um belo arranjo.
- Tampe a quartinha e leve-a para o lado direito da entrada de sua residência. Sendo apartamento, coloque perto da porta, do laco

direito, sem impedir a abertura dela e a passagem das pessoas.

- Todos os dias ao se levantar, sem estar sendo vigiado(a), destampe a quartinha, olhe diretamente para o conteúdo e reforce seus objetivos financeiros a serem alcançados, mentalizando-os já realizados ou em curso.
- Torne a tampá-la e comece seus afazeres rotineiros.
- Refaça a montagem dessa quartinha a cada noventa e dois dias, dispensando o conteúdo numa cova de mais de 10 cm de profundidade.

Ilustração de quartinha

Ilustração da Essência chama-dinheiro

Ritual de prosperidade

Este ritual deve ser executado num período de lua crescente, focando a evolução financeira de sua vida no ano que está por vir. Por isso, o planejamento deve ser minucioso, para que esteja pronto antes do dia 31 de dezembro.

Esta é a lista de materiais e ingredientes que eu utilizo.

03 colheres de sopa de açúcar mascavo

07 paus de canela

14 cravos-da-índia, inteiros

04 moeda de R$ 0,50

07 moedas de R$ 1,00

03 velas amarelas

01 vela branca

01 vela verde

02 velas azuis

01 folha de sulfite branco cortada ao meio no sent do longitudinal

01 cuia de barro, com diâmetro suficiente para conter a metade do papel sulfite

01 maçã fuji vermelha e saudável

01 cálice de vinho licoroso, marca boa

01 caneta azul virgem, esferográfica

Fósforos ou isqueiro

Preparação

- Na folha, de cima para baixo, escreva, com letra cursiva, seu nome completo de batismo (não o de casada ou social), por sete vezes, antecedendo o escrito da sua data de nascimento abreviada (por exemplo, 17/09/1998).

- Logo abaixo disso, escreva três aspirações (petições) que você quer realizadas no ano vindouro.
- Coloque esse retalho de papel no fundo da cuia, com a face escrita para cima.
- Sobre o papel, coloque o cálice de vinho.
- Coloque uma das moedas de R$ 1,00 sobre a maçã, parte oposto ao pedúnculo.
- Espalhe pela maçã, da metade para cima, os cravos, espetando-os.
- Ajeite a maça no cálice, de maneira que os cravos fiquem para cima.
- Espalhe os paus de canela ao redor do cálice.
- Ao redor dos paus de canela, espalhe as outras moedas.
- Espalhe o açúcar sobre a canela e as moedas do fundo.
- Transfira a cuia para um local seguro do seu quintal (se não tiver quintal, utilize a lavanderia).
- Acenda as velas ao redor da cuia, de maneira equidistantes, o mais possível.
- Enquanto as velas ardem, imagine-se recebendo as dádivas peticionadas por você.

- Afaste-se e espere as velas arderem por completo.
- Dispense as raspas de vela.
- Leve a cuia, agora protegida com um plástico, para evitar intromissão de insetos, para um local alto da sua residência.
- Na noite da ceia de Ano Novo, coloque essa cuia sobre a mesa, sem a proteção.
- No dia seguinte, torne a protegê-la, retorne-a para esse mesmo local alto e espere que se passem quatorze dias.
- No dia quinze de janeiro, enterre todo o conteúdo da cuia próximo a uma árvore, agradecendo pelo sucesso do ritual.
- Reutilize para o que for necessário a cuia.

Ilustração da cuia de barro

Tônicos mágicos da felicidade

Estes preparados têm a intenção de melhorar a autoestima e drasticamente reduzir os impactos negativos do dia a dia que tendem a nos levar à crises, mesmo que momentâneas de depressão.

Drinques

Banana

A primeira vez que lancei mão desse drinque foi quando meu irmão mais novo reclamou de estar sentindo uma tristeza sem origem definida. O resultado foi tão maravilhoso que resolvi compartilhá-lo com você.

O procedimento apresentado é para se produzir 300 ml desse drinque. Caso se deseje um volume superior ou inferior, basta obedecer a regra de proporcionalidade.

- Numa manhã qualquer, em que o sol desponte antes das nove horas, amasse uma banana nanica média num recipiente, junto com uma colher de sopa cheia de açúcar refinado, adicionando paulatinamente 100 ml de água filtrada, ou mineral.
- Com ajuda de uma colher de sopa, transfira essa pasta para um frasco de vidro. Tampe o vidro e leve-o para receber, da maneira mais

direta possível, a luz do sol, por quarenta e cinco minutos ou um pouco mais.

- Durante esse tempo, mentalize a pessoa, ou você mesmo(a), se for o caso, regozijando-se com os momentos felizes já vividos, pedindo, com suas próprias palavras, o restabelecimento da alegria insubstituível e incomparável de se viver.
- Passado esse tempo, com cuidado para não se queimar, porque o frasco e a tampa estão quentes, leve-o para a sombra, ou dentro de casa, prosseguindo a preparação.
- No liquidificador, coloque a mistura do frasco de vidro, adicionando mais 100 ml de água, batendo por cerca de cinco minutos, na velocidade mais baixa e depois mais dois minutos em velocidade superior.
- Enquanto o liquidificador faz o trabalho dele, higienize o frasco de vidro.
- Com o coador de papel, coe essa mistura para o frasco de vidro.
- Adicione ao conteúdo do frasco uma colher de açúcar refinado, mexendo bem.
- Adicione, então, ao frasco, mais água filtrada, ou mineral, até completar volume de 300 ml, mais ou menos, mexendo sempre.
- Agregue ao preparado duas colheres de colônia de kefir de água .

- Mexa suavemente, misturando bem o conteúdo, sem exagerar.
- Cubra com o guardanapo de papel, lacre com o elástico à borda da boca, para impedir a entrada de insetos e poeira.
- Leve o frasco com o preparado para um armário, de forma que fique protegido e na ausência de luz direta.
- A cada doze horas, ou um pouco mais, agite suavemente o frasco.
- Ao final de quarenta e oito horas, mais ou menos de fermentação, coe o conteúdo do frasco, separando a colônia de kefir, para ser reutilizada em outro preparado, ou cultivo.
- Higienize o frasco de vidro, para depois colocar nele essa solução fermentada pela primeira vez.
- Adicione à solução, uma colher de açúcar refinado.
- Tampe o vidro, agite-o suavemente, e leve-o para aquele armário.
- A cada seis ou sete horas, destampe o vidro, para escapar o gás carbônico produzido por essa fermentação, tapando-o novamente (eu não destampo, somente desrosqueio a tampa e espero esvair-se o gás, para depois rosqueá-la novamente. Se você tiver receio de quebrar esse frasco, utilize um frasco plástico com tampa, obedecendo a mesma

recomendação de abri-lo a cada seis ou sete horas, para escapar o gás).

- Após vinte e quatro horas dessa segunda fermentação, leve esse frasco para a geladeira, começando a consumi-lo após cinco ou seis horas. O conteúdo do frasco deve ser consumido em até quatro dias.

A graduação alcoólica máxima esperada desse drinque é de 2,5°GL (Inferior à graduação de uma cerveja), podendo ser diminuída com acréscimo de água, ou por aquecimento suave do drinque. Se quiser sofisticar, você pode adicionar duas folhas de hortelã, previamente higienizadas, duas horas antes do consumo.

Materiais e ingredientes que eu costumo utilizar
01 banana nanica
01 recipiente de vidro de 1 litro
01 garfo
03 colher de sopa de açúcar refinado
01 frasco de vidro com 500 ml com tampa
01 colher de sopa
250 ml de água mineral ou filtrada, mais ou menos
01 liquidificador
01 elástico
01 guardanapo de papel
02 colheres de sopa de colônia de kefir de água ativado
01 coador de papel e respectivo suporte
01 coador comum

Dosagem diária recomendada: inicia-se com 50 ml, por três dias, uma vez ao dia, então aumenta-se para 50 ml, duas vezes ao dia, até o máximo de 3 tomadas de 50 ml cada uma, por dia.

Mamão

Já a história que me levou a elaborar esse drincue foi muito diferente, ocorrendo em razão de um senhor consulente com mais de sessenta e cinco anos que se sentia apático por ter rompido seu relacionamento de cinco anos com uma pessoa trinta anos mais nova. O efeito foi tão benéfico a essa pessoa, dando-lhe novo ânimo de vida, que, em menos de dois meses, ele iniciou um relacionamento amoroso com uma mulher de trinta e dois anos, ao mesmo tempo em que, aquela que o havia abandonado, não sabia mais o que fazer para com ele reatar.

Para produzir esse delicioso drinque, eu costumo utilizar o mamão formosa, bem maduro, mas saudável, sem casca, separando 300 gramas da ponta oposta à do pedúnculo, cortado em pedaços, para facilitar a trituração.

- Coloco o mamão picado no liquidificador.
- Adiciono duas colheres de sopa de açúcar refinado, qualquer marca (mais ou menos 40 gramas).
- Adiciono 200ml de água filtrada.

- Trituro no liquidificador por cerca de três minutos.
- Coo para um recipiente de vidro de 500 ml, para separar somente a parte mais líquida da solução.
- Tampo o vidro, coloco-o numa sacolinha plástica.
- Corto sete tiras de papel branco sulfite virgem, escrevendo em cada tira, com caneta vermelha virgem, curtas frases animadoras e positivas.
- Coloco essas tiras dentro da sacola, com o frasco, e transporto-a para o lugar mais alto da cozinha, deixando-a aí de uma noite para a manhã do dia seguinte.
- Na manhã do dia seguinte, abro o frasco e adiciono-lhe 200ml de água kefirada em açúcar (produto da primeira fermentação, de ao menos três colheres de sopa de colônia do kefir).
- As tiras, enterro num vaso qualquer.
- Adiciono mais uma colher de sopa de açúcar, mexendo bem com a colher.
- Tampo o frasco de vidro e levo-o para fermentar, deixando o gás carbônico escapar, para não estourar o vidro, a cada oito horas. Ao final de setenta e duas horas, está pronto o drinque, que pode ser adoçado a gosto.

Para potencializar o efeito desse drinque, costumo colocar duas ou três finas rodelas de gengibre.

O consumo sugerido é de 50 ml nos primeiros três dias, aumentando para 75 ml nos próximos dois dias e então finalmente não deve exceder 100 ml por dia.

Materiais e ingredientes
300 gramas de mamão formosa
01 liquidificador
03 colheres de sopa de açúcar refinado
200 ml de água filtrada ou mineral
Coador
01 colher de sopa
Recipiente de 500 ml de vidro com tampa
200 ml de água kefirada
01 sacola plástica
07 tiras de papel branco sulfite
01 caneta esferográfica vermelha virgem

Limão

Esse preparado mágico eu costumo fazê-lo somente sob pedidos de pessoas comprovadamente especiais, no início da fase de lua minguante, sendo fácil de se preparar e barato, se for feito na época propícia de colheita dos limões.

Anote o que se precisa para esse preparado, maravilhoso, para levantar o seu astral de quem o ingeri.

Materiais e ingredientes

01 frasco de vidro com tampa, 500 ml, com tampa, diâmetro de mais ou menos 8 cm ou um pouco mais

06 limões médios taiti

05 colheres rasas de sopa de sal do Himalaia

01 faca de cozinha

01 espremedor de limão

01 colher de sopa

01 folha de papel sulfite branco, virgem

01 tesoura

01 caneta azul virgem

01 pedaço de fita crepe, para fixar o pergaminho no frasco de vidro

01 copo de vidro com mais de 50 ml

01 colher de chá de canela em pó

Preparando o fermentado

- Antes das 19:00 hs., separe todos os materiais elencados.
- Forre o fundo do frasco com uma colher de sopa cheia de sal.
- Corte quatro limões em X (em cruz), de maneira a obter quatro partes iguais sem que se separem da casca.
- Com cuidado para não separar as partes, preencha um a um os limões internamente com sal - tentando colocar ao menos meia colher de sopa de sal -, colocando-o cada um deles, com o corte para cima, no fundo do frasco.

- Com ajuda do espremedor, colha o sumo do quinto e sexto limão, extraindo o máximo possível do suco.
- Jogue esse sumo por cima dos limões que estão empilhados no frasco de vidro.
- O restante do sal, pulverize por sobre a pilha de limões.
- Espalhe por cima a canela em pó.
- Feche o frasco com a tampa.

Preparando o pergaminho

- Meça o diâmetro externo do frasco; multiplique essa medida por 3, anotando-a.
- Meça a altura do frasco, dividindo-a por 2 (dois).
- Com uso da tesoura, corte o papel sulfite nas dimensões obtidas, descartando o excesso.
- Com a caneta, escreva, de cima para baixo, no pergaminho, na ordem, o seu nome completo, depois sua data de nascimento e, em seguida, logo abaixo, a numeração:

11-5148-123 - 11-5148-123 - 11-5148-123 - 321-8415 - 321-8415

Com a ajuda da fita crepe, fixe esse pergaminho no lado externo do frasco, com o escrito voltado para dentro.

Banho de lua

- Com o frasco tampado, leve-o para banhar-se ao luar por ao menos quatro horas seguidas.
- Nessas quatro horas, ao menos três vezes e no máximo seis, vá para junto desse frasco, levante-o na direção da lua e peça ao Universo que livre você de todos os medos e dificuldades que impedem seu bem-estar.

Fermentação

Ao final do banho de lua, leve o frasco para a geladeira, colocando-o em cima do gabinete utilizado para conserva de legumes. A fermentação deve prolongar-se por cinco dias, ou 120 (cento e vinte horas), sendo que, todas as manhãs, você deve abrir o frasco e, com ajuda de uma colher de sopa, ou socador, apertar suavemente os limões contra o fundo, agitar o frasco, para homogeneizar esse preparado e tapá-lo novamente.

Consumo

Depois de pronto, separe as sementes e as cascas, utilizando o sumo fermentado a gosto, para cobrir carnes e legumes. Querendo, antes do consumo, pode-se acrescentar azeite extravirgem.

Descarte o pergaminho, no sexto dia, enterrando num vaso ou noutro lugar, agradecendo pelas dádivas que você recebeu diariamente, mesmo não se dando conta disso.

Alternativamente, para ter menos trabalho, você pode congelar os quatro limões, raspar-lhes a casca, superficialmente, até surgir a casca branca. Espere descongelar e então prossiga com o procedimento. As cascas podem servir para incrementar sucos, saladas, pavês, etc.

Gengibre, cravo e canela

Já este preparado, pela notável característica nutricional e mágica de seus ingredientes, melhora as funções digestivas e cerebrais, acarretando bom-humor e facilidade de relacionamento social. Ainda há relatos de pessoas que emagreceram alguns quilos com esse preparado.

Faça como sugerido a seguir:

- Pela manhã, próximo às 10:00hs., num copo americano comum (desses com volume de mais ou menos 180 ml), coloco fatias de um pedaço de raiz de gengibre com mais ou menos 3 cm, descascado.
- Adicione por cima desses pedaços de gengibre, duas colheres rasas de sopa de açúcar refinado.
- Tampo a boca com guardanapo de papel, vedado com elástico, e levo o copo para

tomar sol por quinze minutos, não muito mais que isso.

- Levo esse copo para dentro de casa, e, após retirada do guardanapo que lhe tampa a boca, adiciono-lhe água, até atingir a borda do copo.
- Num vidro de 1000 ml (um litro), previamente higienizado, transfiro, com cuidado para não derramar, essa mistura de gengibre, água e açúcar.
- Num pedaço de papel sulfite branco virgem, com auxílio de caneta vermelha virgem e tesoura, providencio um pergaminho circular, nas dimensões do fundo desse frasco de vidro.
- Nesse papel, com essa caneta, escrevo todas as aflições presentes, ordenando em nome do Universo que elas sejam dissipadas para o espaço sideral, à medida que se ingere esse preparado.
- Tapo a boca desse frasco, levando para local sombreado e livre de insetos, apoiado sobre esse pergaminho, deixando-o descansar por dois dias, ou 48 (quarenta e oito) horas. (A cada doze horas mais ou menos, agito o vidro, para remisturar essa solução concentrada.
- Após as quarenta e oito horas, no copo americano, coloco uma colher rasa de sopa

de açúcar, encho de água até a boca, mexo bem e acrescento esse preparado ao conteúdo do frasco de vidro, deixando descansar por mais vinte e quatro horas, agitando-o a cada doze horas, ou menos. (Evidentemente que a cada acréscimo do conteúdo desse frasco de vidro, devo destapá-lo e tornar a tapá-lo).

- No dia seguinte, ou seja, vinte e quatro horas após, adiciono ao frasco mais um copo americano de água com mais 2 (dois) cm de gengibre cortado em fatias.
- Descansado por mais vinte e quatro horas a solução líquida pode começar a ser consumida, repondo-se o conteúdo, dia sim dia não, com uma colher rasa de sopa de açúcar diluída no copo americano com água, totalizando 180 ml.
- Deve-se controlar o volume, para não faltar solução para a ingestão do dia seguinte, acrescentado açúcar diluído em água.

Como referência, para boa solubilidade, para cada 30 gramas de açúcar são necessárias 100 ml de água.

O consumo máximo é de 100 ml por dia, em duas ou três tomadas. Pode-se adicionar açúcar ou adoçante, embora eu não adicione.

Dobre o pergaminho em oito pedaços semelhantes e, pressionando-o contra o solo molhado, ou a terra de um vaso, afunde-o, até que não fique mais visível.

Acrescendo o cravo e a canela
- Num recipiente de vidro com tampa, volume de 300 ml, coloque 100 ml do preparado fermentado com gengibre produzido como relatado.
- Adicione-lhe meia colher de sopa de açúcar (fica mais saboroso de for açúcar mascavo), três cravos-da-índia e dois pedaços de canela em pau.
- Tampe o frasco de vidro e deixe fermentar por mais vinte e quatro horas, agitando-o um pouco a cada seis ou oito horas.
- Após esse tempo, adicione a esse frasco mais meia colher de sopa do mesmo açúcar (preferencialmente).
- Agite a cada seis ou oito horas, fermentando por mais vinte e quatro horas.

Está pronto para consumo.

Atenção

- Sempre que se submete algo à fermentação, existe a probabilidade de se produzir álcool etílico, ou etanol, mesmo sendo baixa a graduação, portanto deve-se ter cuidados na ingestão e principalmente restringi-la em casos de lactantes, crianças, diabéticos, ex-alcoólatras, alguns tipos de medicamentos e outros. Também não se deve suspender tratamentos médicos. Para diminuir a concentração etílica, pode-se adicionar mais água após terminada a fermentação, ou aquecer o preparado por alguns minutos em fogo baixo.

- Quando se manipula alimentos ou bebidas, ou qualquer outra coisa que seja ingerida, deve-se tomar cuidados radicais em relação a evitar contaminação.

Tônico mágico afrodisíaco

Antecipadamente saliento que esta bebida afrodisíaca não é um suplemento ou medicamento para eliminar disfunção erétil, pois se destina a apimentar a situação que culminará com uma sessão intensa de sexo saudável, produtivo e prazeroso. Para situações específicas ou mais graves, o consulente deverá consultar um andrologista. Não aconselho a utilização deste elixir, sem aval médico em portadores de hiperglicemia, hipotensão, hepatopatias e ex-alcoólatras.

Eis a lista de materiais e ingredientes deste elixir, ou tônico, como quiser denominá-lo.

01 beterraba média sem casca, fatiada

02 colheres de sopa de folhas de manjericão picado, ou em pó

50 ml de vinho tinto seco

01 frasco de vidro com tampa 500 ml, ou um pouco maior

100 ml de água potável filtrada, ou mineral sem gás

01 liquidificador

Preparo

Antes do meio-dia, coloque os ingredientes, para trituração em liquidificador.

Após dois ou três minutos de trituração, transfira essa pasta para o frasco, previamente esterilizado.

Tampe e leve para banhar-se ao sol por cerca de duas horas.

Com cuidado para não se queimar, após esse intervalo de tempo, recolha o frasco de vidro, erga-o acima da sua fronte e recite:

"Priapo, Priapo, Priapo, atenda a esta humilde invocação, concedendo-me, ao beber deste tônico, a dádiva da ereção duradoura, para satisfazer plenamente (dizer o nome completo da pessoa)."

Guarde o frasco na geladeira, bebendo, aos poucos, quarenta e cinco minutos antes da relação.

Nota: A graduação alcoólica máxima esperada é de 7 ºGL.

Inicialmente consumir o preparado por vinte um dias seguidos, após esse intervalo de tempo, consumi-lo ao menos uma vez por semana.

Tônico das defesas naturais

Cristina E. R. era uma menina com mais ou menos treze anos, raquítica e cúrtis amarelada. Eu a conheci numa visita à casa de uma amiga comum minha e da mãe dela. Segundo essa mãe, Cristina, nascida prematura, tinha saúde frágil e era razão letal de preocupação de seus pais e seus dois outros irmãos, pois qualquer sopro já a fazia adoecer. Enquanto essa preocupada mãe, comovida falava discorria sobre os infortúnios de Cristina, por ato reflexo, eu fui reparando em cada detalhe da composição física externa da menina, bem como sua prostração e semblante triste, levando-me a interferir no diálogo, perguntando se elas aceitariam a minha ajuda, no sentido de minimizar essa deficiência de saúde de Cristina. Após um breve interrogatório - a mãe da menina queria saber detalhes da minha vida, minha religião, e outras particularidades sem sentido -, ela decidiu que, não tendo nada a perder, pois já havia tentado infrutiferamente alguns tratamentos, aceitaria a minha ajuda.

Foram mais de quinze dias consultando anciãos do meu povo, na procura de alguma substância ou preparado que pudesse com sucesso revitalizar e preservar a saúde daquela frágil menina, destoando dos irmãos que eram fortes, saudáveis e joviais. Foi então que selecionei alguns ingredientes naturais para o preparo de um coquetel matinal místico. Ao final de pouco mais de quatro meses, ingerindo esse coquetel, a menina aparentava-se muito mais saudável, alegre, brincalhona e sociável, fazendo o sorriso de sua mãe voltar a emoldurar-lhe o rosto e a me agradecer infinitamente. Como o benefício desse coquetel é inquestionável, aqui vai a receitinha.

De doze a quatorze horas antes da ingestão, ele deve estar preparado, colocado num recipiente de vidro esterilizado, tampado e longe da luz do sol, poeira e insetos. Para minimizar o trabalho de sua produção, pode-se deixá-lo pronto para consumo por dois dias, não mais do que isso.

Ingredientes de cada dose diária

01 tomate cortado em duas metades, ficando com aparência de dois corações, sem sementes

20 gotas de *Propomax (aproximadamente 1 ml)

02 castanhas-do-pará tamanho médio

02 limões taiti

01 pedaço de raiz de gengibre com 3 cm de comprimento, picado

01 recipiente de vidro, com tampa

01 retalho de papel alumínio

01 copo de vidro de volume 200 ml, mais ou menos

10 cm de fita crepe

01 caneta vermelha virgem

01 Liquidificador

01 colher de sobremesa, ou se sopa

Preparando

Nota: nunca é demais lembrar que a higiene é fundamental no preparo de alimentos.

- Com ajuda da colher, coloque metade da quantidade de gengibre em cada parte do tomate.
- Com cuidado para não derramar o gengibre, junte as duas metades do tomate, enrolando-o em papel alumínio.
- Na fita crepe, escreva o nome da pessoa que será agraciada com a magia, logo à frente a data de nascimento, abreviada, como por exemplo 19/05/1999.
- Fixe a folha de alumínio, com esse pedaço de fita crepe.
- Coloque esse tomate recheado com gengibre, enrolado e lacrado com fita crepe, no recipiente de vidro.
- Feche esse recipiente, leve-o até o local mais alto possível interno da residência da pessoa debilitada.
- De frente para o recipiente, peça para a Força do Universo vir celeremente em socorro às anomalias que afligem essa pessoa, ao final agradecendo, como se já tivesse acontecido essa petição.
- Refaça essa petição a cada quinze minutos, até completar três vezes.
- Sendo a pessoa acometida com mais de uma anomalia, a petição deverá ser feita para cada uma delas, por período de sete dias cada uma; sendo o problema de origem

imunológica, faça essa petição por vinte e um dias seguidos. Persistindo o problema, findo esse intervalo de tempo, refaça a petição por igual período.

- Quarenta e cinco minutos, mais ou menos, depois de peticionado, recolha o recipiente e leve-o para junto do liquidificador.
- Desembrulhe as partes do tomate, sem perder o gengibre, depositando-as no eletrodoméstico.
- Esprema os dois limões, extraindo o suco.
- Junte então no liquidificador as castanhas e o suco de limão.
- Bata no liquidificador, até obter uma pasta homogênea.
- Passe esse preparado para um copo de vidro, sem coar.
- No centro desse preparado, goteje o própolis.

A pessoa debilitada, se precisar, pode utilizar uma colher, devendo ingerir esse preparado lentamente, em jejum, sendo que o desjejum só poderá ser quebrado meia hora depois dessa ingestão.

O retalho de fita crepe escrito deverá ser enterrado num vaso de flores naturais viçosas e bonitas.

*Apenas como referência, pois pode-se optar por outra marca ou laboratório, bastando fazer-se o ajuste do volume de própolis contido na solução, que pode ser feito pelo farmacêutico. O preço na Drogasil e Raia é de R$ 23,00 o frasco.

Propomax Extrato de Própolis Aquoso Sem Álcool com 30ml

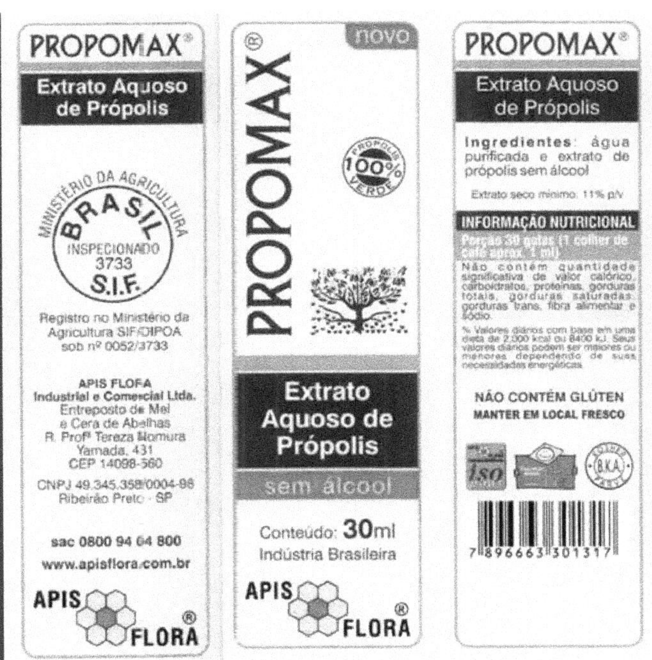

Atenção

- Esta é uma obra de autoajuda e magia, não um tratado médico; portanto a obediência aos rituais transcritos não anula nem substitui a opinião do seu médico e nem os medicamentos prescritos por profissional de saúde habilitado.

- Ao primeiro sintoma de alergia ou mal-estar, interrompa a ingestão do preparado e busque ajuda médica.

Simpatias chama-estabilidade-financeira

1

Para uma noite de lua crescente, antes das 20:00 hs, até no máximo a quinta noite dessa fase de lua, providencie os seguintes materiais e ingredientes.

07 grãos de milho verde

01 moeda de R$ 1,00

01 maçã fugi, vermelha

01 colher de café

01 recipiente de vidro transparente com tampa, que caiba a maçã

01 faca

14 palitos de dente

Preparo

Com a faca, corte a maçã ao meio, no sentido longitudinal.

Ainda com a faca e a colher, escave a polpa de uma das metades, até conseguir inserir a moeda.

Na outra metade, faça o sulco de maneira a pocer inserir os grãos de milho.

Junte as duas metades, fixando-as com os palitos de dentes, para não se separarem.

Insira essa maçã no recipiente de vidro, levando-o para banhar-se ao luar até as 23:00 hs.

Repita igualmente esse banho ao luar por mais duas noites.

Na última noite, antes das 23:30 hs., retire a maçã do recipiente, erga-a na direção do luar e recite: "Que a energia da luz do luar traga para minha vida rios de dinheiro, assim terei tudo o que desejar materialmente."

No dia seguinte, pela manhã, ou antes das 12:00 hs., separe as metades, retire a moeda, doe essa moeda e enterre o restante, numa cova com mais ou menos 14 cm.

2

Essa simpatia que apresentarei pode ser feita a qualquer horário e fase de lua, mesmo em sexta-feira treze.

Materiais e ingredientes

01 cuia, ou outro recipiente para maceração

01 macerador

01 colher de sopa de sementes de girassol, colhidas no dia

14 grãos de arroz integral

14 grãos de milho seco

07 moedas de R$ 1,00

01 tigela de vidro transparente com tampa

01 par de luvas

Preparo

Na cuia, para maceração, junte todas sementes (ou grãos).

Vá triturando até conseguir partículas diminutas.

Com as mãos, misture o melhor que puder.

Na tigela, posicione de maneira agradável aos seus olhos as moedas.

Sobre as moedas espalhe essa mistura obtida da trituração.

Tampe e leve a tigela para um local alto em sua residência, internamente, como um armário de cozinha, guarda-roupas, prateleira, estante, etc.

Ao final de vinte e um dias, com luvas, retire as moedas para doação, após higienizá-las, a trituração enterre numa covinha de 14 cm de profundidade.

3

Essa simpatia, combinada com banho, além de melhorar sua situação financeira, também vai perfumar o seu dia, mas deve ser executada somente por quem é católico, num período de sete dias consecutivos.

Ingredientes e materiais

01 rosa amarela

01 rosa vermelha

01 panela com 1 litro de água filtrada

01 cédula de R$ 20,00, ou uma de US$ 5.00

01 vaso com muda de manjericão

01 pedaço de retalho resistente de 5 x 5 cm

01 carretel de linha para costurar o retalho

01 retalho de papel sulfite branco virgem com impressão do Salmo 144.

Preparando o escapulário

Destaque uma pétala da flor amarela.

Destaque uma pétala da flor vermelha, também.

Sobre o retalho do salmo, impressão para cima, coloque as pétalas destacadas das flores.

Dobre sucessivamente, embrulhando as pétalas, até ficar com dimensões máximas de 3 x 3 cm.

Agora, servindo a nota como embalagem, enrole o embrulho.

Insira o embrulho final no retalho de tecido, costurando, para selar o escapulário.

Use esse escapulário na bolsa, bolso, carteira, pochete, etc.

Preparando o banho

Ferva o restante das pétalas das flores, por cinco a seis minutos.

Espere a água amornar, ou ficar agradável ao tato.

Reserve 100 ml desse preparado.

Como o restante, vá ao banheiro, e, após seu banho normal de higienização, jogue o conteúdo, pedindo a concretização do exposto no salmo 144.

Após isso, regue com os 100 ml a muda de manjericão.

Ao final de sete semanas, desfaça o escapulário e doe as moedas, enterrando o restante numa cova de uns 14 cm de profundidade.

É importante que você conserve a planta de manjericão saudável.

O presente ritual de simpatia deve ser executado ao menos por três vezes, no dia seguinte ao recebimento do salário ou do fechamento do mês do seu comércio. Este é o procedimento sequencial:

- Assim que receber o seu salário, ou fizer sua retirada, ou pró-labore, compre um lenço de pescoço vermelho (pode ser multicolorido, desde que predomine a cor vermelha).
- No caminho para sua casa, colha (não pode ser comprada) uma rosa amarela.
- Coloque o caule da flor, para não murchar, num copo com água.
- Na manhã seguinte, retire suavemente três pétalas dessa flor e as enrole no lenço.
- O restante das pétalas, com imersão num litro de água, ferva-as, por ao menos três minutos.
- Espere amornar e, após seu banho cotidiano, jogue esse preparado do pescoço para baixo.
- Espere secar-se naturalmente, ou, se estiver muito frio, enxugue-se sem friccionar a toalha no corpo,
- Recolha as pétalas e descarte-as no lixo;
- Vista-se e vá para seu trabalho, ou dia normal de afazeres, ou folguedo.
- Na volta para casa, ou, se você não sair, após seis horas de uso do lenço, retire-o do pescoço e guarde-o por três meses num lugar escondido.

- Refaça isso por mais duas vezes, com intervalos de aproximadamente um mês.
- Quando tiver juntado três lenços com as pétalas dentro, aguarde um mês e enterre cada um deles em uma covinha de mais ou menos 14 cm de profundidade.

5

Esta é especialmente dedicada àquelas pessoas que não conseguem se livrar de dívidas. Mesmo sem necessidade, por pura compulsão, descontroladamente, compram tudo o que veem pela frente, sendo na maioria dos casos utensílios supérfluos que nunca serão utilizados, sem proveito nenhum, mas os "carnezinhos" têm de ser pagos todo o mês.

Durante a semana, adquira uma bolsa pequena de cor branca que nunca tenha sido usada por ninguém.

No domingo subsequente, pela manhã, preferencialmente antes das 10:00 hs., vá até um jardim florido, ou floricultura e compre algumas rosas amarelas, das quais você usará sete das mais bonitas e saudáveis.

Volte para sua residência e, dentro daquela bolsa recém-comprada, coloque todos os carnês (ou fatura do cartão de crédito com as dívidas discriminadas, ou relacione num pedaço de papel as dívidas supérfluas).

De cada um dos sete botões de rosa, retire com cuidado sete pétalas, totalizando quarenta e nove pétalas.

Feche a bolsa e guarde-a num local secreto, por vinte e um dias (se precisar do carnê nela inserido, abra a bolsa, retire o carnê, pague a prestação mensal e devolva-o à bolsa).

Na segunda-feira pela manhã, ao acordar, com o restante das pétalas, não importa a quantidade, fazendo a cocção em um litro e meio de água filtrada.

Espere amornar, ficando agradável ao tato, tome seu banho de asseio e jogue esse conteúdo floral do pescoço para baixo.

Enxugue-se sem friccionar a pele.

Recolha as pétalas do piso, colocando-as num vaso, ou jogando-as num jardim.

Ao final dos vinte e um dias, enterre as pétalas numa cova de uns 14 cm. Doe a bolsa para alguém necessitado, junto a mais sete moedas de maior valor em circulação.

Seu comportamento será muito mais seletivo em relação a compras desnecessárias, imunizando-se contra compras compulsivas.

6

Por fim, esta é dirigida àquelas pessoas que não têm sequer sorte para ganhar um bichinho de pelúcia na quermesse do bairro, o que dirá ganhar sorteios de prêmios vultosos em dinheiro.

Faça numa fase de lua crescente, providenciando os ingredientes e materiais antes das 20:00 hs.

07 imagens recortadas de trevo de 4 folhas, coloridas

01 saquinho vermelho, virgem, higienizado, com 7 x 7 cm, confeccionado por você, costurado, com linha vermelha, à mão

01 perfume chama-dinheiro

01 caneta preta virgem esferográfica
01 coador
02 Recipiente de dois litros cada um

Preparação
- Recorte sete imagens de trevos de quatro folhas.
- Em duas das folhas de cada trevo, escreva seu nome de batismo (o primeiro nome por extenso, os demais abreviados, ou seja, se, por exemplo, for Maria Cristina Lima e Fonseca, ficará assim: *Maria C. L. F.*).
- Em uma das folhas de cada trevo, de maneira abreviada, escreva a data de seu nascimento.
- Na folha restante de cada um dos trevos, escreva um número que seja de seu agrado (que você acredite piamente que podem ser sorteados em algum sorteio de concursos, que pode ser da Caixa, totalizando sete números.
- Em cada um desses trevos, borrife o perfume chama-dinheiro por sete vezes.
- Espere cerca de quinze minutos.
- Insira uma a uma, sem dobrar, sobrepondo-os, os trevos no saquinho, costurando-os para se fechar.
- Num litro de água filtrada, cozinhe esse saquinho por sete minutos de fervura.
- Espere esfriar, coe, para retirar o saquinho (que será portado por você, quando for fazer jogos, para assinalar palpites nos volantes de aposta).

- Vá ao banheiro com essa água perfumada e banhe-se do pescoço para baixo, esperando secar normalmente.

Nesse dia, ou nessa noite, não saia de casa.

Ilustração de trevo de 4 folhas

Ilustração do perfume chama-dinheiro

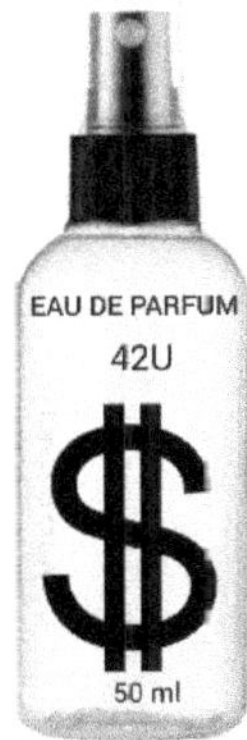

Informações adicionais

Outras obras de magia valiosas sugeridas para leitura, engrandecendo sua cultura espiritual, podendo ser adquiridas a pedido direto, nas lojas Amazon ou no Clube de Autores:

O verdadeiro Pacto da Riqueza e da Sorte de Salomão, o Rei de Israel

Os 52 feitiços mais poderosos da Terra

Pacto com os espíritos de Goétia: evocando fortuna, sorte nos jogos

Perfumes místicos consagrados: amor, saúde, proteção e riqueza

Poções, feitiços e magias: encantamentos para fazer e desfazer

Poções, manias e magias do Rei Salomão: sabedoria, virilidade, amor

O poder oculto dos espelhos: mistério, encantamento e magia

Como desfazer feitiços, magias e amarrações

Pacto de riqueza com sangue, invocação de Mamon, e patuá:

Amarração para o Amor: Magias de amarração amorosa

Ative o seu 3 olho: paz, saúde, felicidade, prosperidade

Como desfazer pactos com o demônio

Magias para amor, proteção, prosperidade e atração sexual

O livro mestre de feitiços e magias: todo o poder do Universo

O sucesso da Lei da Atração e a glândula pineal

Artigos místicos prontos à venda

Patuá cigano para riqueza e prosperidade
https://www.mercadolivre.com.br/publicaciones/MLB1886763908/modificar/60402836-update-c232979c6cca/detail

Patuá enfeitiça mulher

https://produto.mercadolivre.com.br/MLB-1748356321-patua-enfeitica-mulher-feito-na-alta-magia-de-so-cipriano-_JM

Patuá para ganhar nos jogos

https://produto.mercadolivre.com.br/MLB-1701365091-patua-de-so-cipriano-consagrado-para-ganhar-nos-jogos-_JM

Perfume para atrair clientes

https://produto.mercadolivre.com.br/MLB-1713392529-perfume-consagrado-so-cipriano-pra-atrair-muitos-clientes-_JM

Perfume sedução máxima

https://produto.mercadolivre.com.br/MLB-1768518125-perfume-consagrado-na-alta-magia-para-seduco-maxima-_JM

Ilustração da imagem da Santa Sara Kali

Incorreções, críticas, sugestões, informações gerais:
topbook-livros@cutlook.com

Lightning Source UK Ltd.
Milton Keynes UK
UKHW022232140223
416982UK00012B/655